영화 언어

아모르문디 영화 총서 8

영화 언어

개정판 1쇄 펴낸 날 2024년 9월 2일
초판 펴낸 날 2017년 3월 5일

지은이 | 박우성
펴낸이 | 김삼수
편 집 | 신중식
디자인 | 최인경

펴낸곳 | 아모르문디
등 록 | 제313-2005-00087호
주 소 | 서울시 마포구 월드컵북로5길 56 401호
전 화 | 070-4114-2665 팩 스 | 0505-303-3334
이메일 | amormundi1@daum.net

ISBN 979-11-91040-40-1   94680
ISBN 978-89-92448-37-6(세트)

※ 이 도서의 국립중앙도서관 출판예정도서목록(CIP)은 서지정보유통시스템 홈페이지
(http://seoji.nl.go.kr)와 국가자료공동목록시스템(http://www.nl.go.kr/kolisnet)에
서 이용하실 수 있습니다.(CIP제어번호: CIP2017004762)

아모르문디 영화 총서·8
Amormundi Film Books

영화 언어

박우성 지음

아모르문디

개정판을 펴내며

이 책을 낼 때 저는 개정판을 상상하지 못했습니다. 저는 흘려보낸 후 잊어버리는 편인데 이 책도 마찬가지였습니다. 연말에 인세가 들어올 때면 고마운 마음도 들었지만 그것도 잠시였습니다. 그러니 이 책을 읽었다는 영화 전공 학생들과 마주하면 당황했던 게 사실입니다. 제 강의에서 딱히 교재로 사용한 것도 아닌데 말입니다. 그러다 영화를 전공하고자 하는 입시생으로부터 쪽지를 받았습니다. 이 책이 영화에 대한 꿈을 키우게 된 기폭제라며, 사회에 나가 영화를 공부하는 과정에서도 자신을 영화 속으로 불러준 이 책을 기억하겠다는 고백이었습니다. 이 독자가 쪽지를 보내기까지의 용기와 정성스레 꾹꾹 눌러 적은 문장이 감동적이었습니다. 무엇보다 저는 부끄러웠습니다.

이 책을 대폭 수정해보려고 한동안 전전긍긍했습니다. 그러나 포기했습니다. 흘려보낸 과거를 다시 끄집어내어 현재로 채색하는 건 과거와 현재 모두를 어색하게 만드는 일에 지나지 않다는 것을 깨달았습니다. 이 책을 낸 건 칠 년 전입니다. 이 사이 삶에 대한 저의 태도에는 엄청난 변화가 있었습니다. 하지만 영화에 대한 저의 관점은 딱히 변한 게 없습니다. 여전히 저는 이 책에서 소개한 관점으로 영화를 조망합니다. 이 책에서 예로 든 영화들을 보다 최근의 영화로 교체하려 했으나 이 역시 사실상 불가능했습니다. 제가 생각하는 관점이 먼저 있고 이에 부합하는 영화들을 끌어들인 게 아니라, 소개하는 영화들의 풍경 속에서 저의 관점이 도출된 것이기 때문입니다.

바라는 게 있다면 이 책의 관점에 매몰되어서는 안 된다는 점입니다. 이것은 제가 경험한 영화들에 대한 지극히 주관적인 시선을 정리한 것에 지나지 않습니다. 이 책이 독자 여러분들 각각의 개성적 관점에 제법 그럴듯한 참고자료가 되길 기도할 따름입니다.

들어가는 글

영화를 보고 나서 우리는 이렇게 말하곤 합니다. "정말 훌륭한 영화야." 여기서 '훌륭하다'란 무슨 뜻일까요? 삶의 지혜, 인문학적 성찰, 현실 고발, 공동체의 윤리, 시대의 이념 등을 영화를 통해 깨달았다면 좋은 일입니다. 우리는 이때 그 영화를 훌륭하다고 말합니다. 하지만 충분하지 않습니다. 동시에 그것은 아주 잘 만든 영화여야 합니다. 아무리 뛰어난 성찰, 지혜, 윤리, 이념 등이 담겨 있다고 한들 살아 숨 쉬는 영화 언어로 중계되지 않는다면 이내 힘을 잃습니다. 통째로 껍질째 먹는 과일과, 알맞은 크기로 자른 후 가지런히 접시에 담아 포크로 찍어 먹는 과일은 완전히 다릅니다. 내용만큼이나 형식도 중요한 것입니다. 이것은 저만의 생각이 아닙니다. 한 시인은 시에 대한 자신의 생각을 다음과 같이 표현합니다.

보여준다고 해서, 다 보여주는 건 아니에요. 이야기가 밖으로 드러나면 힘이 없어요. 포르노는 두 번 다시 안 보잖아요. 윤리나 이념을 노골적으로 드러내는 것도 포르노예요. 그것들을 얘기할 때는 에로티시즘으로 하세요. — 이성복, 『무한화서』 중에서

'포르노'라는 표현에 민감하게 반응할 필요는 없습니다. '에로티시즘'(=형식)에 대한 고민이 없는 이야기(=내용)는 아무리

훌륭한 내용을 담고 있더라도 시의 가치를 떨어뜨린다는 것이 이성복 시인의 생각입니다. 그런데 이미 이 주장은 자연스럽게 증명되고 있습니다. 저의 설명과 이성복 시인의 설명은 비슷한 생각을 담고 있지만 가히 하늘과 땅 차이입니다. 제가 어쭙잖은 개념으로 강조한 형식의 중요성이 이성복 시인의 글에서는 쉬운 단어와 간결한 리듬으로 세련되게 전달되기 때문입니다. 부정할 수 없습니다. 드러내는 방식이 형편없으면 이야기는 힘을 잃는 것입니다.

〈암살〉(최동훈, 2015)은 일제 강점기의 항일 운동을 다룬 영화입니다. 작품성이나 흥행 면에서 크게 성공했습니다. 이를 계기로 우리의 가슴에 올바른 역사관이 새겨진다면 참 좋은 일일 것입니다. 그런데 '쌍둥이 설정'에 대해서는 어떻게 생각하시는지요? 근래에는 막장 드라마에서도 보기 힘든 설정입니다. 더욱이 만주에서 거칠게 자라 군인이 된 안옥윤(전지현)과 고생이라곤 모르고 경성에서 애지중지 자란 미츠코(전지현)를, 딱 봐도 피부 톤에서부터 또렷하게 구분될 두 인물을, 단지 생물학적으로 일란성 쌍둥이라는 이유만으로 아무도 구분하지 못하다니요? 친일파 척결을 흥미롭게 구경하기 이전에 이 영화는 상식적으로 납득하기 힘든 설정 때문에 이미 힘이 빠져 있는 것입니다. 한편 "대중은 어차피 개돼집니다"란 대사로 유명한 〈내부자들〉(우민호, 2015)은 어떨까요? 한국 사회의 더러운 기득권을 비판적으로 예언했다는 호평을 받은 이 영화에서 우리의 감정이 향하는 곳은 누굴까요? 〈내부자들〉은 개돼지로 취급받는 억울한 '국민'의 자리에 손이 잘린 정치 '조폭'을 배치합니다. 몰입하는 순간 우리는 그만 조폭을 응원하는 위치로 떠밀리는 것입니다. 정경유착에 비하면 조폭은 순수하다는 뜻일까요? '최악'에 비하면 '차악'은 착하다는 것일까요? 확실한 것은 우리들 중 조폭이 순수하고 착하다고 생각하는 사람은 거의 없다는 점입니다. 마지막으로, 일제 강점기 조선 여성의 수난을 담은 〈귀향〉(조정래, 2015)은 어떨까요? 위안부 피해자와 관련하여 제대로 된 사과 한마디 없는 일본을 고발하는 이 영화는 윤리적으로 훌륭해 보입니다. 개봉 즈음의 단체 관람 열풍이 이것을 증명합니다. 그러나 뜨겁게 고발하기 위해 이 영화는 여성의 신체를 다양한 영화 언어를 활용해 아무렇지 않은 듯 전시합니다. 우리는 고통에 공감한 것일까요, 고통을 구경한 것일까요?

형식의 중요성을 강조하다 보니 논의가 다소 무거워졌습니다. 이 책의 관심사는 필름을 통해 구현되는 세상의 사연이 아닙니다. 세상의 사연을 중계하기 위해 필름에 아로새겨지는 영화 언어의 다채로운 표정이 이 책의 관심사입니다. 난해하고 실험적인 영화 언어를 다룬다는 의미가 아닙니다. 이것저것 많이 다루지만 이 책의 대상은 결국 대사, 상황 설정, 이미지, 움직임으로 모아집니다. 대사를 듣고, 상황 설정을 인식하며, 이미지를 음미하고, 움직임을 체감하는 행위는 영화를 감상하는 지극히 평범한 방식입니다. 현학적인 지식이 아니라 알고 있으면 우리의 영화 감상이 더욱 풍부해지는 지식 말입니다. 영화 언어는 거대한 바다입니다. 이 자리에서 모든 것을 다루는 것은 제 능력 범위를 벗어날뿐더러 애초에 불가능합니다. 다만 저는 그 바다로 진입하는 데 유용한 나침반을 여러분과 공유하고 싶습니다. 우리에게는 훌륭한 영화를 볼 권리가 있습니다. 하지만 권리는 그냥 주어지는 게 아닙니다. 이 책에서 논의하는 영화 언어는 그것을 획득하기 위한 최소한의 지식입니다. 영화를 즐기고 사랑하는 모든 분들의 영화 감상이 이 책을 통해 조금이나마 풍요로워졌으면 하는 바람입니다.

2017년 2월
박우성

차례

Ⅰ. 내면의 외면'화'

영화의 고민은 '내면의 외면화' 문제로 모아집니다. '내면'이란 영화감독의 세계관, 지식, 성향, 인식, 관점, 철학, 사유, 정치성 등이 포함된 추상적 관념입니다. '외면화'란 바로 그 추상적인 관념을 소통 가능한 대상으로 구체화해서 겉으로 드러내는 작업입니다. 영화란 창작자의 내면을 그것에 어울리는 다양한 영화 언어에 담아 외면화하는 적극적인 의사소통 행위인 셈입니다. 영화는 내면의 외면화를 통해 비로소 대중과 소통합니다.

1. 정보 전달

내면의 외면화의 기본적인 역할은 정보 전달입니다. 이 정보는 최종적으로 큰 주제로 모이겠지만 그것을 실질적으로 쌓아가는 것은 사소한 것들입니다. 예를 들어 광화문 촛불집회에 참여한다고 합시다. 부패한 권력을 향한 분노 표출과 정의로운 사회의 구현이라는 거창한 뜻이 목적이겠지만, 그러기 위해 실질적으로 우리는 머리를 감고, 밥을 먹고, 지하철을 타고내리는 등의 사소한 일들을 수행해야 합니다. 거대한 '핵사건'을 중심으로 작은 '위성사건'이 모일 것이며, 자잘한 '위성사건'이 없으면 묵직한 '핵사건'은 존재할 수 없는 것입니다. 이런 맥락에서 영화는 사소하거나 거창한, 일상적이거나 특별한, 평면적이거나 입체적인 정보들이 공유되는 장소입니다. 우리는 그 장소, 즉 영화를 통해 몰랐던 지식, 느끼지 못했던 정서, 경험하지 못했던 감각을 알게 되고, 느끼고, 경험할 것입니다. 한마디로 표현하자면, 내면의 외면화의 목적은 각양각색의 정보를 전달하는 것입니다.

2. '화(化)', 모양이 바뀌다

만약 한편의 영화가 부조리한 세상을 바꾼다면 아주 바람직한 일일 것입니다. 하지만 이것이 영화감독이 반드시 해야 할

핵사건(kernels)과 위성사건(satellites)

핵사건은 서사의 구조 안의 마디나 관절과 유사합니다. 몇 개의 가능한 길 가운데 어느 한쪽으로 서사적 진전을 이끌어가는 분기점이자 결정적 계기입니다. 핵사건이 뼈대라면 위성사건은 그것을 감싸는 근육이나 살과 흡사합니다. 위성사건은 앞서거나 뒤따르면서 때로는 멀리 떨어져 핵사건을 보조합니다. 서사적 사건들은 나름의 서열을 지닙니다. 핵사건에 비할 때 위성사건은 서열 상 그리 중요하지 않을지 모릅니다. 설혹 제거되더라도 이야기의 논리는 성립됩니다. 하지만 미학적으로는 극도로 앙상해질 것입니다. 뼈대가 없는 살을 상상할 수 없듯이 살 없는 뼈대도 상상할 수 없기 때문입니다.

절대명제는 아니라고 생각합니다. 세상을 바꾸는 것이 곧 영화라면 영화감독은 곧 사상가이자 정치가일 것입니다. 영화감독은 살아가면서 마주하는 세계의 모순을 탁월한 지식이나 전략으로 해결하는 사람이 아닙니다. 대신 그것을 '어떻게 찍을 것인가' 하는 고민으로 해소하는 사람입니다. 영화감독은 세상을 책임지기 이전에 훌륭한 영화 언어로 영화를 책임져야 합니다.

이런 점에서 볼 때 내면의 외면화에서 중요한 것은 '내면'도 '외면'도 아닌 '모양이 바뀌다'라는 의미의 '화(化)'인지도 모릅니다. 세계와 마주한 인간의 치열한 사유, 즉 내면도 중요합니다. 대중의 감각을 자극하는 작품, 즉 외면도 중요합니다. 하지만 피사체를 선택해서 특정한 렌즈가 달린 카메라로 찍은 후 그것을 다시 이어붙이는 지난한 '화'의 과정이 없으면 영화감독의 내면은 결코 관객에게 전달될 수 없습니다. 영화감독이란 '화'의 전문가입니다. 영화에서 '화'란 내면과 외면을 매개하는 방법론적 고민, 즉 영화 언어입니다. 영화감독은 자신의 세계관을 주장하기 전에 그것에 부합하는 대사, 상황 설정, 이미지, 움직임 등을 쌓아가고 대중은 메시지에 공감하기 전에 영화감독이 쌓아올린 대사, 상황 설정, 이미지, 움직임 등에 반응합니다.

3. 영화 언어

이 책에서 우리는 영화를 다룹니다. 영화에서 내면의 외면화는 고스란히 영화 언어의 문제로 수렴됩니다. 영화감독은 영화 언어라는 방법론적 고민에 골몰합니다. 물론 영화는 자본주의의 발전과 함께 탄생한 상품이기도 합니다. 부당한 현실을 고발하는 메시지의 창구이기도 합니다. 지친 일상을 위무하는 피로 회복의 공간, 꿈같은 현실, 안락한 도피처이기도 합니다. 영화를 통해 수익이 창출되고, 정치가 발전하고, 스트레스가 해소된다면 너무나 좋은 일입니다. 하지만 이 책은 그런 것들에 (중요하지 않다는 뜻이 아니라) 관심이 없습니다. 이 자리의 화두는 내면의 외면화를 위한 방법론적 고민의 흔적, 즉 영화 언어입니다.

영화 언어의 목록을 아는 순간 여러분은 이전의 영화 취향과 결별해야 할지도 모릅니다. 이제껏 흥미롭게 접속했던 영화들이 일거에 형편없고, 유치하고, 게으른 목록으로 재편될 가능성이 높습니다. 영화의 방법론적 고민을 공유한다는 것은 방법론적 고민이 비어 있는 영화나 그것의 재미, 감동, 깨달음과 결별한다는 의미이기도 합니다. 우리에게는 지금보다 더 훌륭한 영화를 볼 권리가 있습니다. 요컨대 이 책은 그 권리에 대한 얘기입니다.

4. '화(化)'의 양상

교수가 강의실에 도착했고 지금 그는 짜증이 나 있는 상태입니다. 이때 교수의 상황이 내면이고, 그것이 강의실의 학생들이나 스크린 밖의 관객에게 전달되는 과정이 외면'화'입니다. 이것을 영화로 찍는다면 어떨까요? 다양한 영화 언어가 가능할 것입니다. 첫 번째, "학생 여러분, 오늘 제가 너무나 짜증이 납니다"라는 식으로, 교수 역을 맡은 배우의 입을 통해 해당 상황을 있는 그대로 드러낼 수 있겠습니다. 두 번째, "나는 오늘 너무 짜증이 난다"라는 교수의 독백을 삽입하는 방식입니다. 정보 전달의 대상이 관객에만 한정된다는 점만 제외하고 첫 번째 경우와 일치합니다. 세 번째, "강의실에 오기 전에 교수님과 우연히 마주쳤는데 엄청 짜증이 난 표정이셨어!"라는 식으로 학생 중 한 명의 입을 통해 교수의 상황을 전달하는 방식입니다. 그 학생은 오로지 그 순간에만 등장합니다.

네 번째, 강의를 정상적으로 진행하다가 잠시 쉬는 시간을 가지자며 강의실 밖으로 나가는 교수가 들릴 듯 말 듯 "젠장……" 같은 비속어를 뱉는 경우입니다. 다섯 번째, 얼굴을 붉히는 교수의 표정 직후 짜증이 나게 된 상황을 플래시백으로 보여주는 것도 가능합니다. 여섯 번째, "참는 자가 이긴다고 했지요? 오늘 저는 참는 자여야 할 것 같습니다"라면서 익숙한 격언을 활용하는 방식입니다. 일곱 번째, 평소와는 다른 표정과 말투로 한 번도 던진 적 없는 질문, 가령 "여러분, 오늘 어디 할 차례죠? (침묵) 아무도 모릅니까? (한숨) 대체 뭐가 문제지요? (눈총을 쏘며) 선배들과 비교했을 때 여러분은 너무나 실망스럽습니다!"라는 식으로, 교수의 짜증을 유추할 수 있는 대사를 사용하는 방식입니다.

여덟 번째, 교수는 열심히 강의를 하는데 이와는 대조적으로 학생들 대부분이 딴청을 부리거나 엎드려 자고 있는 상황을 연출할 수도 있습니다. 아홉 번째, 강의실 안의 에어컨 소음이나 강의실 밖 복도 소음을 활용해 관객의 청각을 자극하는 방식도 가능합니다. 열 번째, 교수를 포착할 때와 학생을 포착할 때의 렌즈, 앵글, 쇼트 등을 차별적으로 활용할 수도 있습니다. 열한 번째, 카메라가 강의실 끝에서부터 교수가 있는 교탁 쪽으로 조금씩 흔들리면서 다가오다가 기어이 교수의 식은땀 맺힌 목젖에 도달하는 방식도 가능합니다.

이처럼 우리는 동일한 내면에 대한 다양한 외면화를 상상할 수 있습니다. 반대로 다양한 외면화 방식을 통과할 때 동일한 내면은 전혀 다른 성질, 질감, 무게, 부피로 변환될 것입니다. 이 다양한 '화'의 양상 중 방법론적 고민의 강도가 높은 것은 무엇일까요? 영화의 본질과 가까운 것, 영화만이 할 수 있는 것에 근접한 것은 무엇일까요? 방금 언급한 사례로 생각해볼 때 나는 뒤로 갈수록 고민의 강도가 높아지고 영화의 본질에 가까워진다고 생각합니다. 아니, 그렇게 설명하고, 설득하고,

주장할 것입니다.

5. 설명과 환기

영화에서 내면의 외면화, 즉 영화 언어는 크게 두 가지로 나뉩니다. 직접화법과 간접화법이 그것입니다. 나는 이 두 방식을 각각 '설명'과 '환기'로 명명하고자 합니다. 설명이란 평면적이고 심지어 게을러 보이는 '화'의 양상입니다. 영화 언어를 납작하게 활용하는 방식 말입니다. 환기는 입체적이고 생산적 역발상이 도모되는 '화'의 양상입니다. 영화 언어를 창조적 가능성의 영역으로 활용하는 방식입니다. 설명에는 대략 문어체 대사, 캐릭터의 도구화, 현재에 종속된 과거로서의 플래시백 등이 포함될 것입니다. 환기에는 기본적으로 구어체 대사, 함축적 대사, 생기 있는 캐릭터, 자생하는 과거가 모두 포함됩니다. 하지만 환기의 스펙트럼은 실로 방대합니다. 여기에서는 방대한 영역을 두 가지로 분류해 거론하고자 합니다. 셔레이드(=상황 설정)와 카메라 시선(=비주얼)이 그것입니다. 이렇게 정리하겠습니다. 영화에서 내면의 외면화, 그러니까 영화 언어는 크게 네 가지로 나뉩니다. 직접화법으로서 1) 설명입니다. 다음으로 간접화법으로서 2) 간접적인 대사와 3) 셔레이드, 그리고 4) 카메라 시선이 그것입니다.

이 책의 목록은 어쩌면 1) 기계적으로 전달하느냐, 2) 비유적으로 환기하느냐, 3) 피사체의 지형도를 활용하느냐, 4) 카메라 시선의 가능성을 탐사하느냐로 나뉜다고 볼 수 있습니다. 물론 영화 언어에 순위를 매겨 가치를 단언하는 것은 위험한 일입니다. 이 책의 가치 부여 역시 절대적인 것은 아닙니다. 그럼에도 나는 1)보다는 2)가, 2)보다는 3)이, 3)보다는 4)가 지향해야 할 영화 언어라 설명하고, 설득하고, 주장할 참입니다. 다양한 근거가 있겠지만 그 기준은 간단합니다. 앞서 말했듯 방법론적 고민의 강도와 영화적 형상화가 그것입니다.

1)의 경우 '설명하는 외면화'라는 제목 아래 설명하는 대사, 도구화된 캐릭터, 현재에 종속된 과거 등으로 나누어 상세히 다룰 예정입니다. 2)의 경우 '환기하는 대사'라는 제목 아래 캐릭터의 개성적 대사, 생활 감각이 살아 있는 일상적 대사, 아이러니컬한 대사, 시적인 대사 등을 차례대로 설명할 계획입니다. 3)의 경우 '피사체의 지형도'라는 제목으로 그것의 핵심인 셔레이드의 개념과 성공적인 사례를 소개합니다. 4)의 경우 '카메라 시선'이라는 제목으로 프레임과 움직임의 역학을 서술할 예정입니다.

이제 영화 언어를 알기 전의 영화 감상과 이별할 때입니다. 이 책을 읽기 전에 좋아했던 영화들이 혹여 형편없는 작품으로 추락하더라도 크게 서운해 하지 않았으면 합니다. 대신, 우리의 영화 세계가 진화할 것이기 때문입니다.

Ⅱ. 설명하는 외면화

영화를 볼 때 지금부터 서술할 외면화 방식과 마주하면 김이 빠집니다. 관객에게 보여주거나 스스로 느끼게 하는 것이 아니라 말 그대로 설명하기 때문입니다. 우리는 영화를 보러 영화관에 가는 것이지 무엇을 배우러 영화관에 가는 것이 아닙니다. 설명하는 대상에 대단한 비밀이라도 숨어 있으면 모를까, 우리가 이미 잘 아는 빤한 내용인 경우 난감하기까지 합니다. 물론 어쩔 수 없이 설명해야 할 때도 있을 겁니다. 하지만 이런 식의 외면화는 기본적으로 지양되어야 합니다. 거기에서 딱히 방법론적 고민이라 부를 수 있는 것이 없습니다. 이런 영화는 영화관을 직접적으로 정보를 설명하는 공간, 즉 강의실로 만들어버립니다. 강의는 강의실에서만도 이미 충분합니다.

우리는 TV드라마에서 설명하는 외면화를 쉽게 발견합니다. 캐릭터들은 너무나 자주 혼잣말을 읊조립니다. 현실에서 가족 중 누군가가 방 안에서 혼잣말을 계속 한다면 어떤 상황이 벌어질까요? 나의 경우라면 상당히 걱정스러우면서도 조금 무서울 것 같습니다. 한편, TV드라마에서는 다음과 같은 전화 통화가 빈번합니다. "아니, 뭐라고요? 김 실장님께서 저를 싫어해 이번 하반기 승진에서 절 탈락시키고 박 대리를 추천해 승진을 도왔다고요?"와 같이, 필요 이상의 장황한 정보가 비현실적으로 나열됩니다. TV드라마는 라디오드라마에 뿌리를 두고 있습니다. 청각에 전적으로 의존하는 라디오드라마는 하나부터 열까지 친절하게 설명하는 방식의 외면화를 사용할 수밖에 없습니다. 라디오드라마의 방법론이 TV드라마의 방법론에 영향을 미치고 있는 것인데, 실제로 우리는 라디오를 청취하듯이 TV 드라마를 시청하기도 합니다. 대개 식사하면서, 편안하게 소파에 누워서, 졸면서, 가족과 수다를 떨면서 TV를 대합니다. TV 드라마의 설명하는 외면화에는 이런 사정이 깔려 있습니다.

하지만 영화는 TV드라마가 아닙니다. 극장의 좌석은 감옥에 비견될 만합니다. 상영시간 동안 우리는 스크린만 보이는 좁은 의자에 행동의 제약을 받으며 사실상 묶여 있습니다. 물론 이는 오로지 영화에만 집중할 수 있는 조건일 것입니다. 여기서 영화의 의무가 발생합니다. 이러한 감금을 납득시킬 만한 세련되고 농밀한 외면화를 제공해야 하는 것입니다. 그런 의미에서 설명하는 외면화는 관객 모독인지도 모릅니다. 관객인 당신이 아무리 집중할지라도 세련되고 농밀한 외면화를 이해하지 못하니 친절한 설명이 필요해, 라는 식의 대접밖에 되지 않기 때문입니다. 우리가 영화관에 기꺼이 감금되는 것은 무엇을 깊이 있게 느끼기 위해서이지 빤한 설명을 반복적으로 듣기 위해서가 아닙니다. 나는 김이 빠지게 만드는 이러한 방법론을 '설명하는 외면화'라 부릅니다. 이것은 영화에서 추방되어야 할 원시적 방식입니다. 지금부터 이것을 설명하는 대사, 도구화된 캐릭터, 현재에 종속된 과거로 나눠서 살펴보겠습니다.

1. 설명하는 대사

1) 문어체 대사

대사의 일반적 기능은 이야기 전진, 캐릭터 구축, 정보 전달입니다. 이때 오로지 정보 전달에만 기여하는 대사는 영화관을 강의실로 만듭니다. 대표적인 경우가 문어체 대사입니다. 그것은 정보(=내면)를 강의처럼 설명하는 대사입니다. 일상에서 우리는 주변 지인을 그들의 말투만으로 판별할 수 있습니다. 더불어 우리는 "에…", "흐음", "그러니까", "뭐더라" 등의 췌언(贅言)이 포함된 구어체를 구사합니다. 하지만 설명하는 문어체 대사는 인물마다의 일상적 말투를 제거합니다. 혹은 인물의 말투는 착한 인물의 말투, 나쁜 인물의 말투처럼 극히 단순화됩니다. 이런 대사는 흡사 교과서의 문장처럼 완벽한 문법을 자랑합니다. '설명'이라는 목적에 위배되는 요소는 최대한 제거됩니다. 설명을 위해서라면 현실 원칙을 위배하더라도 상관이 없습니다. 설명에 종속된 기계의 언어인 것입니다. 가령 다음의 대사를 봅시다.

나는 네가 나를 사랑하지 않는 것이 도무지 이해되지 않는다. 너는 도대체 무슨 생각으로 나를 이토록 비참하게 만드니? 그 사람이 그렇게 좋아? 네 앞에서 나는 한 떨기 씁쓸한 낙화마냥 무작정 무너져 내리는구나. 다시 한 번 우리의 관계를 생각해주면 안 되겠니?

물론 문법적으로 하등의 문제가 없습니다. 하지만 우리는 '바른말 고운말'을 보기 위해 영화관에 가는 것이 아닙니다. 위 대사에서 우리는 변심한 사람 앞에서 비참해진 연정을 토로하며 재회를 희망하는 캐릭터와 마주합니다. 그는 이해되지 않는다, 비참하다, 힘들다, 재회를 희망한다면서 자신의 내면을 분출합니다. 절실한 심정은 충분히 이해됩니다. 하지만 미안하게도 전혀 매력적이지 않습니다. 겉과 속이 일치된 상태에서 내면을 있는 그대로 설명하기 때문입니다. 사실상 이것은 일상의 생활감각으로부터 유리된 기계 언어일 뿐입니다. 당연히 우리의 호기심, 유추, 상상력이 개입될 여지가 없습니다. 이미 모든 것이 투명하게 제시되어 있기 때문입니다. 물론 위의 대사는 과장된 측면이 있습니다. 효과적 설명을 위해 가상의 캐릭터를 만든 것입니다. 저렇게 노골적이진 않겠지만 이와 흡사한 대사는 한국 영화에 차고 넘칩니다. 과연 현실에서 저렇게 말하는 사람이 있을까요? 없다고 해도 무방할 겁니다. 혹여 있다고 해도 재회의 꿈을 달성하지는 못할 것입니다. 자신의 내면을 있는 그대로 토로하는 사람은 상대를 배려한다기보다는 자신을 설명하기에 바쁜 사람입니다. 누군가를 사랑하는 게 아니라 누군가를 사랑하는 자신을 사랑하는 것입니다. 그것은 사랑을 가장한 폭력입니다. 한편, "한 떨기 낙화마냥"이라는 비유는 간접화법이지 않느냐는 질문이 가능합니다. 추후 상술하겠지만 누구나 다 아는 빤한 비유는 직접화법보다도 못합니다.

2) 영어회화 대사

군이 설명하지 않아도 관객이 충분히 알 수 있는 정보를 소모적으로 나열하는 대사를 여기서는 '영어회화 대사'로 부르고자 합니다. 영어를 배울 때 그 첫걸음으로 우리는 입버릇처럼 상대의 호칭을 부르거나, 굳이 필요 없는 정보를 거론하거나, 당연히 예상되는 내용을 반복하는 회화를 수없이 반복했습니다. 그것은 외국어 습득을 위한 어쩔 수 없는 과정입니다. 하지만 영화는 영어회화가 아닙니다. 역시나 효과적인 설명을 위해 약간의 과장이 섞인 다음의 대화를 들여다봅시다.

철수: 영희 씨, 안녕하세요?

영희: 철수 씨, 안녕하세요? 날씨 참 좋습니다. 식사하셨어요?

철수: 예, 방금 먹었습니다.

영희: 그렇군요. 무엇을 드셨나요?

철수: 오늘은 김치찌개를 먹었습니다.

영희: 날씨에 어울리는 음식이군요. 맛은 좋았나요?

철수: 예, 맛있었습니다. 영희 씨는 식사하셨나요?

영희: 저는 지금 식사하러 가는 중입니다. 철수 씨처럼 김치찌개를 먹어야겠어요.

철수: 그것 참 좋은 생각입니다. 그러면 영희 씨, 식사 맛있게 하세요.

영희: 감사합니다. 철수 씨도 남은 하루 잘 보내시길 바랍니다.

대화에서 우리는 철수와 영희가 만났고, 날씨가 좋으며, 철수는 점심으로 김치찌개를 먹었고, 식사하러 가는 중인 영희도 철수의 영향으로 김치찌개를 먹을 예정이라는 '정보'를 획득합니다. 이 정보가 대화 목적의 전부라면 이는 문어체 대화와 마찬가지로 기계의 언어일 뿐입니다. 철수와 영희의 성별, 성격, 어투, 상황 등의 차이는 말소됩니다. 그들은 별 것 없는 정보를 전달하기 위해 자생력을 잃은 채 도구화됩니다. 현실에서 우리는 당연히 이런 방식으로 대화하지 않습니다. 만약 누군가 이런 식으로 대화한다면 공포를 느낄지 모릅니다. 그런데 영화에서 이런 대화가 나온다면 우리의 반응은 어떨까요? 정보를 한 귀로 듣고 흘려버릴 것입니다. 대신, 그 이면의 정황, 가령 두 사람이 너무 친한 나머지 영어회화식 말장난을 하고 있다고 여기거나, 과장된 격식으로 관객에게 이질감을 투사하려는 감독의 의도를 음미하거나, 향후 두 사람의 관계에서 '김치찌개'가 특별한 상징물로 거듭날 것이라 기대할지도 모릅니다. 그러나 영화가 끝날 때까지 그 어떤 이면도 발견되지 않는다면 남는 것은 허탈감뿐입니다. 우리는 영화관에서 시간을 죽이고 있었던 것입니다.

한편, "철수 씨"와 "영희 씨" 같이 입버릇처럼 상대의 호칭을 부르는 대사도 영화의 재미를 반감시킵니다. 실제로 우리는 누군가의 이름을 있는 그대로 잘 부르지 않습니다. 축약해서 부르거나, 별명을 부르거나, 지시 대명사를 사용합니다. "철수야, 밥은 먹었니? 철수 또 라면 먹니?"라는 어머니의 대사는 소모적입니다. 중요한 것은 철수가 밥 대신 라면을 먹었는지 여부이지 '철수'라는 이름이 아닌 까닭입니다. 대개 훌륭한 영화는 캐릭터의 이름이 잘 떠오르지 않습니다. 우리는 〈아저씨〉(이정범, 2010)에서 배우 원빈이 맡은 캐릭터의 이름을 기억하지 못합니다. 〈살인의 추억〉(봉준호, 2003)에서 배우 송강호가 맡은 시골 형사의 이름 역시 마찬가지입니다. 설사 이름을 기억한다 하더라도 그것은 형식적인 음절에 불과합니다. 만약 캐릭터의 이름이 호명된다면 이름과 상관없이 특별한 상황이 환기됩니다. "철수야……, 너 공부가 싫으냐?"라고 했을 때 "철수야"는 단순한 이름이 아닙니다. 그것은 각기 다른 욕망을 둔 부모와 자식, 혹은 교사와 학생 사이의 갈등을 환기합니다.

3) 브리핑 대사

사건의 얼개를 직접적으로 정리하는 대사를 이 자리에서는 '브리핑 대사'로 부르고자 합니다. 종영한 지 오래됐지만 〈전원일기〉는 국내 최장수 TV드라마였습니다. 1980년대 시골마을의 순박한 사연을 오랜 기간에 걸쳐 풀어내며 중장년층의 사랑을 받았습니다. 이 드라마로 배우 최불암과 김혜자는 국민 아버지와 어머니로 등극했습니다. 드라마의 역사적 의미와는 별개로 여기서 주목해야 할 것은 전형적 오프닝입니다. 〈전원일기〉가 방영되던 시기는 가정용 세탁기가 상용화되지 않았던 때입니다. 이 드라마는 대개 빨래터에서의 수다로 시작됩니다. 가령 다음과 같은 식입니다.

여성 A: 이번에 애들 학교에 새로운 선생님이 오셨다면서?
여성 B: 아 맞아, 나도 들었어. 복길이가 그러는데 키가 훤칠하고 미남인데다 아직 총각이시래.
여성 C: 영남이가 아주 좋아하더라고. 서울에서 차를 가지고 왔는데 출근은 검소하게 자전거로 하신대!

이 빨래터의 수다는 단순한 수다가 아닙니다. 여성들의 대화에는 새로 부임한 선생님에 대한 몇 가지 정보가 담겨 있습니다. 큰 키, 미남, 총각, 자전거와 관련된 내용이 그것입니다. 여성들은 향후 이어질 에피소드의 중심인물이 될 선생님을 시청자들에게 미리 브리핑 중인 것입니다. 아니나 다를까 이어지는 장면은 십중팔구 자전거를 탄 젊은 미남이 미소를 머금고 어디론가 향하고 있을 것입니다. 이 브리핑 덕분에 우리는 그가 새로 부임한 선생님이라는 사실을 쉽게 확인합니다.

영화에서도 브리핑 대사를 자주 사용합니다. 가령, 분단이나 첩보를 다루는 한국 영화에서 처단해야 할 적의 정보를 간부 앞에서 브리핑 하는 장면은 너무나 익숙합니다. 그런데 우리의 일상에서 브리핑 대사를 가장 많이 듣는 곳은 어디일까요? 당연히 강의실일 겁니다. 물론 관객은 브리핑 정보를 통해 향후 맞닥뜨릴 보다 내밀해진 사건에 대한 기본 얼개를 구축합니다. 하지만 이런 식의 외면화는 원시적입니다. 반복하건대 영화는 강의가 아닙니다. 영화를 통해서도 무언가를 학습할 수 있지만 그것은 결과로서 주어져야 합니다.

4) 상투적 간접화법

직접적 방식을 피한다고 해서 설명하는 대사가 아닌 것은 아닙니다. 시(詩)의 외양을 하고 있지만 사실 누구나 다 아는 관습적 표현인 경우 지루할 뿐입니다. 이런 영화 언어를 '상투적 간접화법'으로 부르고자 합니다. 앞서 재회를 꿈꾸는 사람이 뱉은 "한 떨기 낙화마냥" 같은 대사가 여기에 속합니다. "이 세상에는 세 가지 금이 있어. 하나는 황금, 둘은 소금, 마지막은 바로 지금"과 같이 상투적인 격언들. "너 숏다리구나", "안녕하

삼, 방가방가" 같은 이제는 아무도 사용하지 않는 유행어. 이 외에 새벽 시간대 뜨거운 가슴으로 적어 보냈지만 아침에 이불을 차게 만드는 문자메시지들…… 이처럼 오직 해당 대사를 뱉는 캐릭터(혹은 이 대사를 활용하는 감독)만이 진지해 마지않는 표현이 상투적 간접화법의 대표적 사례입니다.

이정향 감독의 〈오늘〉(2011)은 치열한 윤리적 고민을 담은 영화입니다. 하지만 유사한 주제의 〈밀양〉(이창동, 2007)을 마주할 때와 달리 별다른 감흥을 주지 못합니다. 진지한 성찰이 진부한 외면화를 경유하며 힘을 잃고 있기 때문입니다. 이 영화의 주인공들은 상처를 안고 삽니다. 다혜(송혜교)는 비행 청소년의 오토바이 뺑소니 사고로 약혼자를 잃었습니다. 지민(남지현)은 아버지의 가정 폭력에 시달립니다. 응징과 용서 사이의 머뭇거림이 내적 갈등의 진원지인 셈입니다. 이제 이들은 어떻게 해야 할까요? 하지만 우리는 이들의 질문에 동참하기가 힘듭니다. 다음은 다혜의 대사입니다.

난 그때 네가 참 부러웠다. 내가 지민이 같았다면 우리 부모님은 행복했을 텐데. 어쩌면 이혼도 안 하셨을 테고. 지민이 같은 딸은 축복이겠구나 싶었어. 우리 집은 항상 살얼음판 같았어. 부모님 사이가 나빴거든. 두 분 다 나 때문에 산다고 해서 난 화가 나도 언제나 참았어. 나까지 화를 내면 모든 게 무너질 것 같아서. 두 분이 이혼하고 나니까 오히려 편안하더라. 부모님에 대한 미안함과 섭섭

함이 내 안에 섞여 있어. 그래서 부모에 애착이 있는 걸까……. 휴우, 어린 아들을 용서해달라는 부모를 뿌리칠 수가 없었어. 부모의 심정이 오죽할까 싶어서 내 아픔을 제대로 보지 못했어.

영화의 결말에서 모든 것이 정리되는 상황이라면 위와 같은 대사도 딱히 나쁘지 않을 것입니다. 그러나 이 대사는 영화 중간에 나옵니다. 아니, 〈오늘〉은 처음부터 끝까지 이런 대사로 가득합니다. 전달하려는 정보는 대략 세 가지입니다. 첫째, 다혜의 내면은 "부모님에 대한 미안함과 섭섭함"이 섞여 있습니다. 둘째, 그렇기 때문에 "어린 아들을 용서해 달라는 부모를 뿌리칠 수가 없어서" 자신의 약혼자를 뺑소니로 살해한 청소년을 응징할 수 없습니다. 셋째, 결국 이것은 "내 아픔", 즉 자기 성찰의 문제로 귀결됩니다. 하지만 여기에 관객의 상상력이 개입할 여지는 전무합니다. 그들의 내면은 큰 따옴표로 직접 인용하면 그만인 것입니다.

영화를 대할 때 우리는 보통 하나의 고정관념에 휩싸여 있습니다. 우리는 내용과 형식이 말끔하게 분리될 수 있다고 믿습니다. 예술을 내용과 형식으로 이분한 후 형식이라는 거추장스러운 장식품 안에 해석되어야 할 진짜 텍스트인 내용이 있다는 전제가 그것입니다. 이것은 형식보다 내용이 본질적으로 우위에 있다는 편견입니다. 그러나 내용과 형식은 분리되지 않습니다. 예를 들어 동일한 최고급 한우일지라도 어떤 과정을 거쳐

요리하느냐에 따라 완전히 다른 음식이 됩니다. 메시지와 메신저는 분리될 수 없으며 메신저의 태도(=형식)는 메시지의 가치(=내용)를 배가시킵니다. 내용이 곧 형식이고 형식이 곧 내용입니다. 아무리 훌륭한 내용도 그에 어울리는 형식을 갖추지 않으면 식상해 보이고, 아무리 훌륭한 형식도 음미할 만한 내용을 생산하지 못한다면 헛된 수식일 뿐입니다. 말하고자 하는 바는 간명합니다. 〈오늘〉은 내용에 걸맞은 형식을 지니고 있지 않습니다. 비유컨대, 대학생 수준의 지식을 초등학생 수준의 어휘로 드러내는 상황인 것입니다. 초등학생에 빗댄 건 너무하다고 생각할 수 있습니다. 하지만 다음의 대사를 보면 그런 생각이 사라질 것입니다.

하늘과 태양과 구름, 세상에서 제일 소중한 것은 다 공짜네. 언니도 내 자전거 산책 좀 시켜줘. 자전거를 타면 내 마음이 바람과 하나가 돼. 내가 화를 내면 바람도 거칠어. 내가 웃으면 바람도 노래해.

난 그때 알았어. 우리가 결혼할 걸. 언제나 너와 함께 할 거야. 오늘처럼. 오늘은 어제 세상을 떠난 이가 그토록 원했던 내일이래. 매일 매일을 단 하루처럼 소중히 살자. 오늘처럼.

사실 〈오늘〉을 예로 든 것은 위 대사를 살펴보기 위해서입니다. 첫 번째 대사는 지민의 것이고 두 번째 대사는 다혜의 약혼자 상우(기태영)의 것입니다. 지민의 대사는 시적 욕망으로 가득합니다. 그래서인지 다혜는 "시인같네"라고 응답합니다. 하지만 우리는 그것에 시적 가치를 부여할 수 없습니다. 시라기보다는 초보적 의인법에 불과하기 때문입니다. 상우의 고백 역시 크게 다르지 않습니다. 무엇보다 시대착오적입니다. "오늘은 어제 세상을 떠난 이가 그토록 원했던 내일"이라는 표현은 한때 잠시 유행하다가 이제는 사장되어 버린 격언입니다. 바로 이 느끼하고 닭살 돋는 표현이 '프러포즈'의 시공간, 즉 다혜의 가장 행복했던 기억 안에서 나열되고 있는 것입니다. 〈오늘〉의 캐릭터들은 오로지 그들만이 심각한 설명적이고 시대착오적이며 유치한 '상투적 화법'의 세상에 갇혀 있습니다. 그들의 성찰은 그 안에서 진지함을 잃어버립니다.

2. 도구화된 캐릭터

영화에 등장하는 인물은 그 비중이나 출현 빈도와 상관없이 자생해야 합니다. 주동인물과 반동인물만이 아니라 그들을 보조하거나 심지어 잠깐 지나가는 인물조차 긍정적이든 부정적이든 고유의 생기와 인간미를 풍겨야 합니다. 이유는 간단합니다. 현실이 그러하기 때문입니다. 물론 영화는 현실이 아닙니다. 주도권이 중심인물에게 있는 이상 주변인물은 관심 밖으로 떠밀리는 운명일 수밖에 없습니다. 하지만 그 보조인물이 단지 정보를 전달하기 위해서, 주요인물의 전사(前事)를 알려주기 위해서, 향후 벌어질 사건을 예비하기 위해서 존재한다면 그들은 사실상 기계 인간에 불과합니다. 이러한 인물을 이 자리에서는 '도구화된 캐릭터'로 명명하고자 합니다.

도구화된 캐릭터는 역시 TV드라마에서 자주 발견됩니다. 예를 들어 '방자형 인물', '향단형 인물'이라고 불리는 이러한 캐릭터들은 마치 주인공과 분신처럼 함께하며 "뭐야? 그 사람 왜 그래? 안 되겠어! 너 계속 바보처럼 굴면 아무것도 못해"라며 시종일관 조력하고, 참견하고, 충고합니다. 물론 그들은 주인공이 아닙니다. 그들의 삶을 세세하게 재현할 필요는 없습니다. 문제는 주인공의 삶과는 별개인 그들의 삶은 상상조차 할 수 없다는 점입니다. 가끔씩은 이들 보조인물이 위기의 순간에 결정적인 역할을 수행하는 경우도 있습니다. 영화가 진행되는 동안 한 번도 등장하지 않다가 사건의 단서가 제시되어야 할 시점에 돌연 등장해 무언가를 말하고는 완전히 사라져 버리는 캐릭터 말입니다. 가령, 이들은 주인공이 지나갈 때 뒤에서 "쟤 말이야. 어제 친구한테 들었는데……"라고 수군거립니다. 그러나 해당 정보를 전달한 이후 그들은 유령처럼 사라집니다. 마치 자판기처럼 사건의 단서만 나열하거나 자신의 삶이 없는 캐릭터는 영화 전체를 납작하게 만들 뿐입니다.

3. 현재에 종속된 과거

현재를 보충하는 원칙 안에서 작동하는 플래시백이 있습니다. 이런 종류의 플래시백은 현재와 과거의 인과관계를 중심에 두고 현재를 설명하기 위해 과거를 종속시키는 연대기적 구성에 가깝습니다. 과거는 그저 현재의 지반 위에서만 성립합니다. 하지만 대사나 캐릭터와 마찬가지로 과거 역시 그 무엇에 종속되는 순간 빛을 잃어버립니다.

최동훈 감독의 〈도둑들〉(2012)을 들여다봅시다. 이 영화는 케이퍼 무비의 장르 도식을 적극 끌어들이고 있습니다. 하지만 이 영화의 성취는 플래시백 때문에 상당 부분 반감됩니다. 알다시피 〈도둑들〉은 다이아몬드 '도둑질'이라는 미션을 중심에 둡니다. 영화의 승패는 케이퍼 무비 특유의 긴박한 속도감에 달려 있습니다. 하지만 결정적 지점에서 속도감은 반감되고 감정의 선은 끊어집니다. 영화의 주인공 마카오 박(김윤석)과 팹시(김혜수)의 인물 관계를 설명하기 위해, 아니면 마카오 박의 과거를 전달하기 위해 한창 진행 중인 미션 수행의 속도를 늦춰버리고 난데없이 과거를 끌어들이기 때문입니다.

마카오 박이 기획한 미션에 뽀빠이(이정재)가 팹시를 끌어들였을 때 마카오 박은 과민 반응을 보입니다. 이를 통해 우리는 마카오 박과 팹시의 과거를 생산적으로 유추할 수 있습니다. 그들은 한때 사랑했고 현재도 그 감정이 아물지 않은 것입니다. 둘의 관계를 설명하기 위해서라면 이러한 외면화를 몇 번 더 활용해도 좋았을 겁니다. 하지만 영화는 우리가 이미 예상한 그들의 과거를, 그것도 악당과의 결정적 대결 와중에, 그러니까 케이퍼 무비 특유의 속도감이 최고조로 과시되어야 할 대목에 굳이 삽입합니다. 플래시백을 통해 전달되는 그들의 과거가 속도감 따위 무시할 수준의 비밀을 간직하고 있었다면 상황은 달랐을 것입니다. 하지만 알다시피 그때의 과거는 그저 그런 삼각관계에 따른 오해 이상도 이하도 아닙니다.

한편, 〈도둑들〉에는 결정적 반전이 숨어 있습니다. 어린 시절 마카오 박의 아버지가 다이아몬드 주인 웨이홍(기국서)의 손에 목숨을 잃었다는 사실이 영화 말미에 밝혀집니다. 다이아몬드 훔치기 작전이 알고 보니 단순한 도둑질이 아니라 '복수극'

케이퍼 무비(Caper movie)
하이스트 무비(heist movie)라고도 불리며, 전문 범죄자들이 모여 어떤 대상을 훔치기 위해 작전을 모의하고 그 강탈 과정을 이야기의 축으로 삼는 영화를 일컫습니다. 케이퍼 무비의 관습은 대략 다음과 같습니다. 범죄 전문가들이 범죄를 위해 합심한 후 치밀하게 계획을 세웁니다. 그렇게 수립된 계획이 실전에서의 돌발 변수와 부딪혀 수시로 휘청거립니다. 변수에는 생각지도 못한 장애 때문에 사전 계획을 수정하는 외적 변수와, 계획대로 진행되는 와중에 합심했던 우리 편이 배신하는 내적 변수가 있습니다. 케이퍼 무비의 장르적 쾌감은 이 대목에서 생산됩니다. 안과 밖의 변수가 인물의 소양과 재치로 기발하게 극복되는 과정에 케이퍼 무비의 승패가 달려 있습니다. 여기에 반전 상황까지 벌어진다면 금상첨화일 것입니다. 우리는 스티븐 소더버그 감독의 〈오션스〉 시리즈를 통해 케이퍼 무비의 진가를 확인할 수 있습니다.

이었던 것입니다. 하지만 반전이라고 주장되는 이 복수극은 딱히 놀랍지 않습니다. 그것은 철저히 플래시백에 의존합니다. 소환된 과거에 웨이홍의 총에 죽어가는 아버지가 있고 바로 그곳에 숨죽여 몸을 감추고 있는 어린 마카오 박이 보입니다. 나는 지금 아버지를 위한 마카오 박의 복수가 정당하지 않다고 주장하는 게 아닙니다. 문제는 복수의 정당성을 쌓아가는 〈도둑들〉의 외면화 방식입니다. 아무리 대단한 비밀일지라도 과거를 현재에 종속시켜 직접적으로 누설한다면 그 효과는 반감될 수밖에 없습니다. 더구나 영화의 말미까지 우리는 마카오 박과 아버지의 관계를 전혀 알지 못했습니다. 그들의 관계와 복수의 정황은 오직 플래시백 하나로만 설명됩니다. 우리는 영화 안의 치밀한 사연이 아니라 영화 바깥의 관념, 즉 아버지이니까 무작정 복수해야 한다는 논리에 멱살을 잡히는 것입니다.

III. 환기하는 대사

인간은 정보 전달만을 위해 말하지 않습니다. 자신의 감정을 의식적으로든(사랑 고백, 자백 등) 무의식적으로든(말실수, 말더듬, 머뭇거리고 주저함 등) 언어화하기 위해, 혹은 극적인 긴장("그런데 말입니다")을 창출하기 위해, 자신의 상황을 시적으로 환기하기 위해 말을 합니다. 어떨 때는 그저 소음처럼 흥얼거리기 위해 말하기도 합니다. 영화에서 대사는 해설하기도 하지만 보다 근본적으로는 감정, 긴장, 상황 등을 환기합니다. 바로 이 '환기'야말로 대사라는 영화 언어가 갖춰야 할 덕목일 것입니다.

환기(喚起)의 사전적 의미는 "주의나 여론, 생각 따위를 불러일으킴"입니다. 주목해야 할 것은 "불러일으킴"입니다. 불러일으킴은 그것의 대상인 관객의 능동적 참여를 통해 가능합니다. 환기하는 대사는 설명하는 대사와 달리 강의처럼 주입하지 않습니다. 캐릭터의 개성, 극적 긴장, 특별한 상황 등이 생산하는 정서를 가미함으로써 그것은 설명하되, 설명이 아닌 것처럼 설명합니다. 거꾸로 말해 관객은 캐릭터의 개성적 말투에 매료되고, 극적 긴장에 빠져들며, 특별한 상황에 이입했을 뿐인데 자신도 모르는 사이에 영화의 정보를 전달받습니다. 즐겼을 뿐인데 지식이 쌓이는 것입니다.

1. 구어체 대사

일상적으로 흔히 사용하는 말투를 구어체라고 부릅니다. 구어체는 오직 '각자의 구어체'로 존재합니다. 목소리, 높이, 어투, 빠르기, 즐겨 쓰는 단어, 비속어 사용 등은 사람마다 다릅니다. 각자의 개성은 바로 각자의 말의 풍경에 각인되어 있습니다. 인간관계에서 우리는 제각각의 구어체로 자생하는 것입니다. 최근 한국 영화는 난감한 질문에 직면해 있습니다. 한국 영화에서 '봉준호 이후'는 가능한가, 라는 질문이 그것입니다. 그러니까 〈살인의 추억〉(2003)을 뛰어넘는 영화는 과연 가능할까요? 다양한 의견이 존재할 것입니다. 이 질문 자체가 무의미해 보일 수 있습니다. 답이 있는지도 의문입니다. 질문을 꺼낸 이유는 답을 찾기 위해서가 아니라 봉준호 영화의 화(化)의 문제, 즉 탁월한 방법론적 고민을 강조하기 위해서입니다. 〈살인의 추억〉의 영화 언어를 조망함으로써 우리는 간접적으로나마 이 질문에 대한 답을 얻을지도 모릅니다. 그리고 그 출발점은 영화를 가득 채우는 환기하는 대사입니다. 〈살인의 추억〉은 등장인물들의 숫자만큼 살아 숨 쉬는 구어체'들'의 향연입니다.

〈살인의 추억〉의 인물들은 캐릭터의 크기나 출현 빈도와 상관없이 자생합니다. 주인공은 말할 것도 없거니와 주변인물 역시 주인공의 사연이나 중심서사에 종속되지 않고 각자의 위치에서 자신만의 구어체로 약동합니다. 박두만(송강호)은 시골 형사이기 이전에 거친 경상도 사투리와 의뭉스러운 말투를 구사하는 사람입니다. 서태윤(김상경)은 서울 형사이기 이전에 냉정하고 논리적인 언어를 가진 사람입니다. 조용구(김뢰하)는 폭력 형사이기 이전에 단순한 어조와 빈곤한 어휘력의 소유자입니다. 강력한 피의자였다 나중에 목격자로 바뀌는 백광호(박노식)는 어눌하고 두서없는 말투로 사건 해결을 지연시킵니다. 유력한 용의자인 박현규(박해일)는 부드러운 목소리를 가졌지만 날카로운 어투로 특유의 모호함을 불러일으킵니다.

이런 각자의 구어체는 자신만의 세계관을 자연스럽게 환기합니다. 우리는 박두만의 대사를 듣는 순간 이후 전개될 그의 의뭉스러운 상황 대처를 흥미롭게 상상할 수 있습니다. 서태윤의 대사를 듣는 순간 과학적 근거는 그를 통해 발견될 것이라는 사실을 직감합니다. 조용구의 대사를 듣는 순간 경직된 취조 방식을 상상할 수 있습니다. 백광호의 대사를 듣는 순간 그는 진짜 범인이 아니라 극에 웃음을 유발하면서 추후 진짜 범인을 찾을 때 중요한 역할을 할 것이라고 예상할지 모릅니다. 박현규의 대사를 듣는 순간 심증과 물증의 엇갈림을 예상할 수도 있습니다. 이처럼 환기하는 대사는 단지 캐릭터의 내면뿐만 아니라 그것들이 교차하면서 구성하는 이야기의 얼개와도 접속하는 것입니다.

한편, 구어체에는 중심인물이나 중심서사에 쉽게 환원되지 않는 캐릭터 각각의 생활 감각이 각인되어 있습니다. 환기하는 대사를 효과적으로 활용하는 영화에는 단 한 명의 인물도 소외되지 않습니다. 그들은 그들 자신의 삶에 최선을 다합니다. 그들이 전문적이고 성실한 직업인이라는 뜻이 아닙니다. 어떤 것에도 종속되지 않는 각자의 생활 감각이 다양한 방식으로, 특히 대사를 통해 발현된다는 의미입니다. 단서를 찾기 위해 서태윤이 찾아간 고등학교 학생들의 대사를 기억하는지요? 파상풍에 걸린 조용구가 찾은 병원 간호사의 대사를 기억하는지요? 학생들은 영화의 주인공이 질문을 던져도 큰 관심 없다는 듯 자신만의 어투로 피상적인 대답을 할 뿐입니다. 후배의 다리가 잘려나가는 상황에 슬픈 표정을 짓고 있는 박두만에게 확인서를 들이미는 간호사의 말투는 이야기의 중심 정서와는 분리된 채 그저 무뚝뚝한 간호사로서의 직무, 즉 생활 감각을 과시합니다.

한편 〈우아한 세계〉(한재림, 2007)에서 우리는 인상적인 의사 한 명과 만납니다. 사실 여타의 영화에서 우리는 의사와의 상담 장면을 숱하게 목격해 왔습니다. 하지만 〈우아한 세계〉에서의 상담은 특별합니다. 강인구(송강호)는 조직폭력배이자

기러기 아빠입니다. 아들은 캐나다에서 유학 중입니다. 아내와 딸을 마저 캐나다로 보내면서 강인구는 완벽한 기러기 아빠가 됩니다. 1년 후, 이제 몸이 아파옵니다. 그래서 그는 병원을 찾는데 그때 우리는 잠시잠깐 지나갈 뿐이지만, 오직 뒷모습으로만 등장하지만, 그 어떤 영화에서도 볼 수 없었던 인상적인 의사와 만납니다. 강인구와 의사의 대화는 다음과 같습니다.

의사: (강인구는 보지 않고 모니터 화면만 보면서) 강인구 씨죠?

강인구: 예….

의사: 41세고…. 술 좋아하시죠?

강인구: 아 예….

의사: 식사도 제 때 못 드시고요……. (침묵) 당뇨 오셨네요.

강인구: 예? 당뇨?

의사: 혈압도 안 좋고…. 한 2주 정도 약 처방해 드릴게요. (키보드로 처방을 입력한다) 예.

강인구: (당황하며) 끝난 겁니까?

의사: (계속 차트만 바라보며) 예에….

강인구: (헛기침을 하며) 아이, 뭐, 뭐 얘기를 해줘야 되는 거 아니에요?

의사: 예? 무슨?

강인구: 당뇨가 왔다며 당뇨?

의사: (계속 차트만 보며) 예, 맞습니다.

강인구: 맞습니다가 아니라, 뭐 이거, 뭐 뭐 뭐 먹으면 안 되고 뭘 먹어라 뭐 이런 얘기라고 해줘야지 뭐, 어?

의사: 예, 나가시면 간호사가.

강인구: 아니 이 양반아, 당신이 의사잖아. 내가 간호사 만나러 왔어? 병원에? 당뇨가 왔다며 당뇨가? 아 나 참! 아 씨발, 뭐 앉아가지고, 뭐 당뇨가 감기야? 어?

사실 위 대사는 위와 같이 문자로 적는 순간 생기를 잃어버립니다. 이 장면은 반드시 보면서 느껴야 합니다. 대화를 통해 영화가 전달하려는 정보는 간명합니다. 기러기 아빠 강인구가 당뇨병에 걸린 것입니다. 이때 강인구의 대사는 〈살인의 추억〉의 박두만처럼 캐릭터를 생산적으로 환기합니다. 이런 맥락에서 배우 송강호의 연기는 구어체의 미학이라고 해도 과언이 아닐 것입니다. 그런데 이보다 인상적인 것은 의사의 대사입니다. 그는 자생합니다. 주인공의 사연에 종속되지 않습니다. 주인공은 주인공이고 그는 그입니다. 영화 내의 역할은 극도로 미미하지만, 심지어 얼굴조차 보이지 않지만, 그럼에도 (조직폭력배의 위세에 주눅 들지 않는 게 아니라) 주인공의 극적 위세나 서사의 논리에 종속되지 않으면서 그 짧은 시간에 스스로

〈우아한 세계〉의 생활 감각이 묻어나오는 대사
(패스워드: amor)

의 개성을 뽑아냅니다. 의사로서의 전문 지식(당뇨병 진단)이 아니라 의사 생활에 찌든 생활 감각이 먼저인 것입니다. 이런 이유로 우리는 잠시 지나가는 인물일지라도 영화의 내적 논리와는 상관없는 의사의 전사(前事), 평소 태도나 습관 등을 생산적으로 떠올릴 수 있습니다. 이런 캐릭터는 영화를 생동감 있고 풍요롭게 만듭니다.

2. 비속어의 가치

〈우아한 세계〉를 사례로 설명할 때 언급하지 않고 넘긴 외면화에 대해서 지금부터 알아보려고 합니다. 강인구의 습관적인 비속어 사용이 그것입니다. 욕설을 사용해도 된다는 점에서 영화는 TV드라마보다 유리합니다. 비속어는 현실감을 배가시킵니다. 군대, 조직폭력배, 불량청소년을 소재로 하는 영화에서 비속어가 들리지 않는다면 그것만큼 비현실적인 일도 없을 겁니다. 검찰, 경찰, 정치를 소재로 하는 영화에서 비속어는 거친 조직 문화나 폭력적 남성성을 현실감 있게 환기할 것입니다. 잘만 사용한다면 비속어는 개연성과 핍진성을 위한 훌륭한 영화 언어입니다.

개인적 경험을 말하면서 시작하는 게 좋겠습니다. 지방 출신인 나는 초등학교 시절 서울을 동경했습니다. 서울의 문물 중 특히 여의도에 있는 63빌딩은 나뿐만 아니라 동네 친구들

모두가 동경하는 상징물이었습니다. 초등학교 5학년 때 운 좋게 서울을 견학하게 되었습니다. 내가 보고 싶었던 것은 역시 남산타워도, 롯데월드도, 한강도, 명동도, 국회의사당도, 잠실주경기장도 아닌 '황금빛 찬란한 63빌딩'이었습니다. 견학 마지막 날이라 피곤했던지 다들 잠들어 있었고 차 안은 고요했습니다. 올림픽대로를 지나가고 있었지 싶습니다. 한강대교 근처였을 겁니다. 누군가 차광커튼 사이로 얼핏 그토록 보고 싶었던 63빌딩을 목격한 모양이었습니다. 그 아이는 잠에 취해 있는 우리를 향해 외쳤습니다. 뭐라고 했을까요? "친구들아, 눈앞에 63빌딩이 보여! 바로 그 거대한 황금빛 건물 말이야. 어서 일어나!"라고 했다면 그때의 추억은 이미 망각되었을 것입니

개연성(Probability)과 핍진성(Verisimilitude)

개연성이란 사건이 현실화될 수 있는 확실성이나 가능성의 정도를 말합니다. 작품의 허구가 실제 여부는 확실치 않으나 '현실화' 가능성이 충분하다는 것을 가리킵니다. 개연성이란 허구의 현실성인 것입니다. 핍진성이란 사건들의 연쇄나 그것으로 형성된 이야기가 그럴듯하게 수용되도록 일관된 전체에 맞추는 정도를 의미합니다. 이야기에 요구되는 '그럴듯함'입니다. 개연성과 핍진성은 인과관계에 방점을 찍는다는 공통점이 있습니다. 하지만 개연성의 경우 작품 밖 현실과의 인과관계에, 핍진성의 경우 작품 안의 내적 논리에 방점을 찍는다는 차이가 있습니다. 개연성은 현실에서 있음직함, 핍진성은 이야기 안에서의 그럴듯함을 의미하는 것입니다. 가령, 일제 강점기를 배경으로 한 〈암살〉이나 〈밀정〉은 핍진성보다는 개연성이, 공상의 시공간을 배경으로 한 〈스타워즈〉나 〈어벤져스〉 시리즈는 개연성보다는 핍진성이 어울립니다.

다. 그 아이의 입에서는 다음과 같은 단어가 쏟아졌습니다. "아, 씨발, 아! 아 좆나, 아! 63빌딩이다!" 이후 버스 안은 초등학생들이 내뱉은 비속어의 난장(亂場)이 되었습니다.

주목해야 할 것은 63빌딩을 최초로 마주한 바로 그 순간에 아이들의 입에서 비속어가 튀어 나왔다는 사실입니다. 평소에 비속어를 사용하지 않는 사람조차 한 번씩 비속어를 사용할 때가 있습니다. 대개 감정이 격앙되었을 때입니다. 화날 때뿐만 아니라 기쁠 때, 추함을 느꼈을 때뿐만 아니라 미적 대상과 마주했을 때, 우리는 자신도 모르게 비속어를 뱉기도 합니다. 63빌딩과 마주한 그때의 아이들은 아동의 순수 따위와 상관없이 바로 그 흥분감을 드러냈던 것입니다. 영화에서 비속어는 이렇듯 잘만 사용한다면 감정을 환기하는 효과적 영화 언어일 수 있습니다.

한편, 비속어의 기능이 격앙된 내면 환기에만 한정되는 것은 아닙니다. 우리는 솔직해질 필요가 있습니다. 우리 각자의 구어체에는 비속어가 상당 부분 포함되어 있습니다. 습관적으로 뱉는 말에는 "좆나", "씨발", "지랄하네", "염병" 등이 스며들어 있을 것입니다. 심지어 우리는 누군가를 그가 구사하는 비속어로 기억하기도 합니다. 비속어의 사용 여부, 빈도, 종류 등은 캐릭터의 정보를 외면화하는 효과적인 장치인 것입니다.

다시 〈살인의 추억〉의 경우를 봅시다. 비속어 섞인 거친 말투를 구사하면서 박두만은 시골 형사로 (설명되는 것이 아니

라) 환기됩니다. 서태윤은 비속어가 자제된 표준어를 통해 서울 형사로 환기됩니다. 흥미롭게도 비속어는 캐릭터의 변화를 유비하기도 합니다. 사건이 미궁으로 빠질수록 직감을 따르던 박두만은 이성적으로 변해갑니다. 특유의 냉소로 과학 수사를 강조하던 서태윤은 점점 이성을 잃어가며 무고한 폭력을 행사하기도 합니다. 이는 정확히 비속어 사용의 여부, 빈도와 맞물립니다. 영화가 진행될수록 박두만의 구어체에서는 비속어가 사라지고, 서태윤의 구어체에서는 늘어나는 것입니다.

비속어의 가치를 논하는 자리에서 〈살인의 추억〉을 끌어들인 진짜 이유는 다음의 사례 때문입니다. 한국 영화사에서 비속어의 가치를 가장 잘 활용한 대사가 등장하기 때문입니다. 막내 형사 조용구에게 비극이 닥칩니다. 파상풍 때문에 다리 하나를 절단해야 하는 상황입니다. 수술 직전 수술대 위에서 멍한 표정을 짓고 있는 조용구에게 박두만이 던질 수 있는 말은 무엇일까요? 봉준호 감독은 어떤 대사를 상상했을까요? 만약 "다 괜찮아질 거야. 힘내"라고 했다면요? "그러게 내가 뭐랬어! 병원을 갔어야지!"라고 했다면요? 하지만 〈살인의 추억〉은 이런 식의 대사를 사용하지 않습니다. 클로즈업으로 포착된 박두만이 들릴 듯 말 듯 한숨을 쉬듯이 읊조립니다. "씨…발…놈아…"

이 대사에는 생각보다 많은 것들이 함축되어 있습니다. 첫째, 박두만이라는 시골 형사 특유의 투박한 정서가 전제되어

〈살인의 추억〉에서 표현되는 비속어의 가치
(패스워드: amor)

있습니다. 둘째, 어린 나이에 다리 하나를 잃어버리게 된 조용구에 대한 말로 표현할 수 없는 연민이 드러납니다. 셋째, 선후배 관계로 환원되지 않는 두 인물 사이의 정서적 유대감을 환기합니다. 조용구에게는 가족이 없습니다. 박두만이 사실상 친형이나 마찬가집니다. 넷째, 박두만의 욕은 형사들을 잠식하고 있는 극단의 절망과 무기력을 환기하는 것입니다. 미궁 속으로 빠져드는 연쇄살인사건 때문에 형사들의 표정은 피로감으로 가득합니다. 심증은 있으나 물증이 없습니다. 이 와중에 살인사건은 멈추지 않습니다. 다섯째, 연쇄살인사건과 관련된 향후 전망이 그리 밝지 않다는 사실을 직감하게 합니다. 이 외에도 우리는 이 비속어 하나를 통해 훨씬 더 많은 의미를 음미할 수 있을 것입니다. 요컨대 그때의 "씨…발…놈아…"는 캐릭터, 정서, 캐릭터 간의 관계, 사건의 정황, 비극성 등을 입체적으로 드러내는 것입니다.

3. 정서적 대사

무엇을 환기할 때 '정서'만큼 유용한 매개체도 없습니다. 정서란 사람의 마음에 일어나는 여러 가지 감정입니다. 짜증, 분노, 불안, 안타까움, 기쁨, 감동 등의 마음 상태 혹은 그런 마음 상태를 불러일으키는 분위기가 정서입니다. 정서적 대사는 정서를 설명하는 대사가 아니라 정서가 담긴 대사입니다. 설명되는 정서와 담긴 정서는 다릅니다. 가령 철수가 "사랑해"라고 하니 영희가 "나도 사랑해"라고 했다면 그것은 정서를 설명하는 대사입니다. 정서적 대사란 인물의 마음 상태나 공간의 분위기를 자연스럽게 환기해 관객과의 유대를 이끄는 대사입니다. 예를 들어 〈아저씨〉(이정범, 2010)에서, 물론 유치한 구석이 없지 않으나 배우 원빈을 닮은 아저씨가 "너희는 내일을 살지. 나는 오늘만 산다"라고 악당을 향해 외쳤을 때 우리가 느끼는 것은 오늘과 내일, 삶과 죽음의 문제가 아니라 주인공의 비범한 풍모와 내면을 가득 채운 응징의 정서입니다. 사실 앞서 설명한 비속어 대사야 말로 정서적 대사의 대표주자일 것입니다.

우리는 '브리핑 대사'를 비판적으로 검토한 바 있습니다. 그렇다고 브리핑 자체를 부정한 것은 아닙니다. 문제는 브리핑의 방식입니다. 정서를 활용한다면 원시성에서 벗어날 수 있습니다. 다시 한 번 〈살인의 추억〉의 한 장면을 떠올려 봅시다. 새로운 형사반장이 부임합니다. 팀장 격인 박두만이 그때까지의 사건 개요를 형사반장 앞에서 차트를 펼쳐놓고 브리핑 하기 시작합니다.

> 그, 일차, 그, 사건현장, 하고···. 이차 사건 현장. 요 인제 그 직선거리가···. 아···. 한 천 미터 정도, 1키로도 채 안 되는 그런, 짧은 거리···로 있습니다. 피해자는 그··· 12일 16일, 그 양일간에 12시··· 아, 12월 16일, 12월 16일, 그, 12시에 방천 소재 양지다방에서, 어, 한성근, 그, 회사원 32셉니다. 맞선을 봤지 아마? 어쨌든 현장에서 족적이 1점이 나왔고···. 혈흔이, 그, 2점. 정액이 1점. 어, 이때 정액이 나왔었나? 어?

위 브리핑의 실질적 목적은 그때까지 산적된 연쇄살인사건과 관련된 정황을 관객에게 정리해주는 것입니다. 새로 부임한 형사반장의 자리가 관객의 자리인 것입니다. 그런데 위 장면에서 우리는 브리핑을 받고 있다는 느낌을 가질 수 없습니다. 봉준호 감독은 브리핑 대사의 단점을 정확하게 인지하고 있습니

〈살인의 추억〉의 정서가 가미된 브리핑 대사
(패스워드: amor)

다. 그럼에도 브리핑이 필요할 때 그는 시골 형사 특유의 정서를 아로새깁니다. 말을 더듬고, 두서없으며, 말실수하고, 대충 수습하려는 캐릭터의 기질과 그것이 유발하는 정감 등이 웃음을 부추기며 사건과 관련된 정보를 설명이 아닌 것처럼 설명하는 것입니다.

대개 훌륭한 대사는 오래토록 기억에 남는 법입니다. 영화의 내용은 기억나지 않더라도 대사만큼은 또렷하게 기억나는 경우가 제법 있습니다. 배우 유지태 하면 떠오르는 대사가 있습니다. "사랑이 어떻게 변하니?"입니다. 〈봄날은 간다〉(허진호, 2001)에서 이별 통보를 받은 상우(유지태)가 연인 은수(이영애)에게 건네는 말입니다. 겉으로만 보면 이렇게 유치한 대사도 없을 겁니다. 하지만 영화를 볼 때 우리는 유치해질 여유가 없습니다. 그것은 사랑을 정의하거나 사랑의 성질을 설명하는 대사가 아닙니다. 영화가 차곡하게 쌓아올린 감정선 안에서 이 대사가 등장했을 때 우리는 사랑이라는 감당할 수 없는 질문 앞에 서게 됩니다. 사실 수많은 철학자들이 사랑의 감정을 어떻게든 해명해 보려 했습니다. 그런데 명석한 철학자라면 그것이 실패할 수밖에 없는 접근이라는 것을 잘 알고 있을 것입니다. 〈봄날은 간다〉 역시 저 대사를 통해, 답할 수 없는 사랑에 관한 질문, 바로 그 표현될 수 없는 정서를 환기합니다.

"니 아버지 뭐하시노?"는 어떨까요? 〈친구〉(2001)가 곽경택 감독의 작품이라는 걸 모르는 사람은 많아도 이 대사를 모르는 사람은 없을 것입니다. 나는 이 영화에 호의적이지 않습니다. 우정을 말하는 것 같지만 그 실체는 폭력적 가부장 남성 이데올로기의 낭만적인 옹호에 불과하기 때문입니다. 하지만 성공적 외면화 방식까지 팽개칠 필요는 없습니다. 여기에는 경상도 사투리의 정서가 가미되어 있습니다. 더불어 야만적 교육문화가 향수의 대상으로 치환됩니다. 그런데 이 대사의 실질적 목적은 따로 있습니다. 주요인물의 정보를 소개하고 향후 그들에게 닥칠 비극을 암시하는 것입니다. 인신공격성 질문에 두 인물은 다음과 같이 답합니다. 동수(장동건)가 말합니다. "장의삽니다." 준석(유오성)이 답합니다. "건달입니다." 여기에는 동수와 준석의 성장 과정과 콤플렉스가 응축되어 있습니다. 한편, 준석의 대답을 반항으로 오독한 담임은 공포 분위기를 조장합니다. 참지 못한 준석은 "동수야! 가자"라면서 교실을 박차고 나갑니다. 이때 동수와 준석의 권력관계가 드러납니다. 둘은 친구지만 그때 동수는 준석의 명령을 따르는 '시다바리'이기도 한 것입니다. 이 상황은 영화의 절정에서 "키는 내가 니보다 컸다 아이가. 니 시다바리 할 때부터"라는 대사로 이어지며 둘 사이의 갈등과 비극을 예비합니다.

4. 아이러니 대사

아이러니라는 용어는 플라톤의 대화편에서 처음 발견된다고 합니다. 무지와 어리석음으로 가장된 질문을 통해 도리어 상대방의 무지와 어리석음을 증명해내는 소크라테스의 화법이 시초입니다. 아이러니란 의미를 강조하거나 특정한 효과를 유발하기 위해 생각과는 모순되게 말하면서 은연중에 숨겨진 의도를 드러내는 표현법을 말합니다. 겉으로 예상되는 것과는 달리 엉뚱한 결과가 나오는 상황 말입니다. 이는 대략 세 가지 유형으로 나뉩니다. 첫째, 언어의 아이러니입니다. 말과 말 사이의 모순인데 우리는 이를 '역설'이라고 부릅니다. 둘째, 상황의 아이러니입니다. 자신 역시 동일한 불행에 처해 있으면서 그 사실을 모르고 다른 사람의 불행에 웃어대는 경우가 대표적일 것입니다. 말과 상황, 상황과 상황의 모순인 셈인데 우리는 이를 흔히 '반어'라고 부릅니다. 셋째, 극적 아이러니입니다. 스크린 안과 밖의 정보량의 차이, 즉 등장인물의 무지와 관객의 인지 사이에서 발생하는 아이러니가 대표적입니다. 우리는 이를 '극적 아이러니'라 부릅니다.

대사를 다루는 이 자리에서는 언어의 아이러니만 다루며 이를 '아이러니 대사'로 부르고자 합니다. 이것은 다시 두 가지 양상으로 나뉩니다. 캐릭터가 자신의 내면과 반대로 말하는 경우와, 캐릭터의 진심과 그것을 주관하는 (전지적) 시점이 충돌하는 경우가 있겠습니다.

실생활에서도 아이러니 대사는 빈번합니다. 우리는 시쳇말로 '꼴값을 떨고 있는' 친구에게 "참 아름답다"라고 말하기도 합니다. 잔인한 사례 같지만 입대하는 후배에게 "아이고, 감축드립니다"라고 말할 수 있습니다. 정도를 지킨다면 일상의 반어는 친근감의 또 다른 표현일 수 있습니다. 대표적으로 코미디 영화는 익살스러운 아이러니 대사의 향연입니다. 예컨대 〈공조〉(김성훈, 2017)에서 강진태(유해진)와 박소연(장영남)은 부부지만 마치 원수처럼 전투적 대화를 나눕니다. 하지만 누구도 이 둘의 이혼을 예상하지 않습니다. 도리어 둘 사이의 내밀한 역사를 훈훈하게 상상할 것입니다.

〈공조〉가 흔한 경우라면 무거운 역설을 음미하게 하는 대사도 있습니다. 〈신세계〉(박훈정, 2012)에서 권력 다툼에서 밀린 이중구(박성웅)가 출소 직후 자신의 아지트에서 뱉는 대사는 아이러니로 가득합니다. 그는 자신에게 닥칠 죽음을 알고 있습니다. 하지만 상관없다는 듯 아지트로 돌아와 느긋하게 술을 마시며 자신을 죽이기 위해 숨어 있는 무리들을 향해 "어이! 거기 누구 담배 있으면 하나만 줘라"라고 말합니다. 그러고는 태연하게 "뭐, 갈 때 가더라도 담배 하나 정도는 괜찮잖아?"라고 묻습니다. 그런 후 웃으며 지상에서의 마지막 말인 "거 죽기 딱 좋은 날씨네"를 남깁니다. 이 아이러니 대사는 신분 상승과 죽음 사이에서 외줄타기를 할 수밖에 없는 갱스터의 처연한 실존

〈신세계〉의 아이러니 대사(패스워드: amor)

을 환기합니다. 갱스터가 생존을 위해 몸부림치는 도시는 서바
이벌 경쟁으로 정글화 되어가는 우리의 생활공간과 크게 다르
지 않습니다. 나는 지금 조직폭력배의 죽음을 동정하는 게 아
닙니다. 아이러니 대사를 경유하면서 이중구의 죽음은 단순한
개죽음이 아니라 갱스터 무비가 발 딛고 선 영화 밖 세상의 우
울과 생산적으로 조응한다는 사실을 강조하고 싶을 뿐입니다.

한편, 캐릭터의 진심과 그것을 주관하는 (전지적) 시점이 충
돌하는 경우는 앞의 상황보다 집중을 요구합니다. 〈타짜〉(최동
훈, 2006)에서 가장 인상적 대사는 무엇일까요? 정 마담(김혜
수)의 "나 이대 나온 여자야"일 겁니다. 이 대사를 정 마담의 학
력과 관련된 정보로 수용한 관객은 없을 것입니다. 실제로 그
대학 출신인지의 여부는 중요하지 않습니다. 돈의 노예가 되어
도박판을 중매하는 속물성을 역으로 드러내고 있다는 사실이

중요합니다. 존재감을 드러내기 위해 자신만만하게 뱉은 자신의 말 때문에 정 마담은 엘리트로 대우받기는커녕 도리어 속물이 되는 것입니다. 〈베테랑〉(류승완, 2015)에서 가장 기억에 남는 대사는 무엇일까요? 십중팔구 조태오(유아인)의 "어이가 없네……"일 것입니다. 이 표현은 이미 우리에게 익숙한 관용구였습니다. 하지만 〈베테랑〉을 본 관객 대부분은 이제 그것의 주인을 조태오로 기억할 것입니다. 일차적으로는 배우 유아인의 능숙한 연기 덕분일 것입니다. 하지만 무엇보다 화자(=조태오)와 청자(=전지적 시점, 관객) 사이의 엇갈리는 관점, 즉 아이러니의 각인 효과 때문입니다. 결론부터 말하자면 어이가 없는 사람은 이 말을 태연하게 뱉는 재벌 3세인 마약 중독자 조태오 자신입니다. 영화는 조태오의 말이 관객에게 조소 어린 거리 두기를 경유해 비난당하길 바랍니다. 그리고 그 비난은 조태오를 닮은 현실의 수많은 재벌 3세, 족벌 경영과 정경 유착, 한국의 천박한 자본주의를 향할 것입니다.

5. 시적 대사

지금까지 '환기하는 대사'로 분류된 다양한 대사는 일정 부분 시적(詩的)이라 볼 수 있습니다. 지금부터 본격적으로 '시적 대사'에 대해 알아보겠습니다. 그것은 넘치지도 부족하지도 않은 몇 단어, 몇 문장으로 캐릭터, 사건, 갈등, 정서, 주제 모두를 효과적으로 음미하게 하는 기적의 순간을 만듭니다. 영화를 본 관객들이 단 하나의 대사로 영화의 모든 것을 환기하는 상황 말입니다.

세계 영화사의 한 페이지를 장식하는 로만 폴란스키 감독의 〈차이나타운〉(1974)으로 이야기를 시작하면 좋을 것 같습니다. 이 영화에서 미국에 실재하는 장소 '차이나타운'은 딱히 중요하지 않습니다. 그것은 그저 사건이 벌어지는 공간적 배경으로 기능할 뿐입니다. 〈차이나타운〉의 이야기는 상당히 복잡합니다. 한때 잘나가는 형사였으나 은퇴 후 불륜 뒷조사가 주 업무인 사설탐정 제이크(잭 니콜슨)에게 한 여인이 사건을 의뢰합니다. 평소와 다를 바 없는 업무라 생각했던 제이크는 연속적으로 벌어지는 놀라운 일들에 당황합니다. 스포일러일 수 있기에(40년 전 영화임에도 나는 여러분의 감상을 지켜주고 싶습니다) 자세한 설명은 자제하겠습니다. 중요한 것은 사건을 해결하려 할수록 도리어 사태가 악화된다는 점입니다. 선(善)은 악(惡) 앞에서 무기력합니다. 아니 선이 선인지 악이 악인지조차 모호합니다. 극단의 무기력과 마주한 영화의 말미, 친구가 제이크에게 말합니다.

잊어버려, 여기는 차이나타운이잖아.

이 단조로운 문장의 울림은 막강합니다. '차이나타운'은 살인 사건이 발생하는 공간도, 주요인물의 생활공간도, 사건의 증거가 존재하는 곳도 아닙니다. 영화 말미에 이르러 위 대사로 언급되기 전까지 딱히 호명되지도 않습니다. 그저 복잡한 이야기의 물리적 공간처럼 던져져 있을 뿐입니다. 하지만 역설적이게도 바로 그렇기 때문에 이 대사의 파급력은 배가됩니다. 사건을 파헤칠 때 마치 병풍처럼 인물 뒤에 상존하며 동시에 인물을 응시하는 공간, 서사 논리의 행간을 특유의 가옥구조와 이국적 색감으로 입체화하던 공간, 보이지 않는 손으로 발목을 잡으며 사태를 혼선으로 이끄는 공간이 바로 차이나타운이었던 것입니다. 그것은 진실을 알면서도 아무것도 할 수 없는 무기력을 환기합니다. 동시에 '아메리칸 드림'이라는 허상에 감춰진 미국 사회의 추악한 이면을 폭로합니다. 미국적 신화란 현실에 눈을 감고 "잊어버릴" 때에야 비로소 보이는 신기루나 마찬가지입니다. 로만 폴란스키 감독은 이야기의 본질, 캐릭터를 잠식한 정서, 미국이라는 환상 등을 단조로운 문장 안에 '시적'으로 제시하는 것입니다.

한국 영화사의 한 페이지를 장식하고 있는 홍상수 감독의 〈생활의 발견〉(2002)의 대사도 〈차이나타운〉만큼이나 의미심장합니다. 그것은 영화의 변곡점에서 농담처럼 혹은 모욕처럼 되풀이됩니다.

우리가, 인간은 못 돼도 괴물은 되지 말자…….

이와 관련한 설명은 사회학자 김홍중이 그의 저서 『마음의 사회학』에서 행한 탁월한 분석을 요약하는 게 좋을 것 같습니다. 이 대사는 한국 사회에서 인간으로 산다는 것이 쉽지 않은 일이 되어버린 상황을 희극적으로 토로합니다. 이 표현을 들을 때마다 관객은 웃음을 터트리지만 이내 곧 씁쓸해할 것입니다. 김홍중에 따르면 이 두 가지 감정의 교차를 감지하는 감수성은 386세대적입니다. 주지하듯이 홍상수의 인물들은 1990년대적인 혹은 2000년대적인 '생활'을 삽니다. 그런데 그것은 전형적인 '보전(保全)하는 개인들'의 삶입니다. 따라서 거기에는 역사가 없습니다. 홍상수의 인물들은 역사를 말하거나, 추억하거나, 회고하거나, 전망하지 않습니다. 그들은 역사가 빠져나간 진공의 공간에서 욕망하고, 모색하고, 방황하고, 흩어집니다. 그들은 아무도 '인간'이 될 수 없다는 사실, 어디에도 '인간'이 없다는 사실, 소통할 수 있는 '인간'이 소멸했다는 사실과 직면하고 있습니다. 80년대의 언젠가 한때 자신들 역시 역사와 대면했던 인간이었지만, 이제는 다시는 그러한 인간이 될 수 없으며, 좀 더 솔직하게 말하자면, 다시는 그런 인간이 되고 싶지 않다는 사실을 다소 우울하게 냉소하고 있는 것입니다. 인간이었음을 어렴풋이 기억하고 있지만 결코 인간을 다시 신앙할 수 없는 존재들이 발화할 수 있는 최대치의 언사가 바로 "우리 괴물은 되지 말자"인 것입니다.

결과적으로 그들의 넋두리는 인간이 아니면서 인간인 척하는 위선자이거나 괴물이 못 되면서도 괴물인 척하는 위악자의 속물성을 환기합니다. 물론 그들은 악인이 아닙니다. 평범합니다. 하지만 그들의 평범함은 사악함의 칼날을 노출하기도 합니다. 김홍중은 한나 아렌트의 '악의 평범성'을 뒤집어 말합니다. 그들은 악의 평범함을 보여주는 것이 아니라, 평범한 것이 악이 되는 세계를 보여준다는 것입니다. 〈차이나타운〉과 마찬가지로 홍상수의 이 대사 안에는 서사를 잠식하고 있는 가치관, 캐릭터의 정념, 감독의 세계관, 그리고 당대 한국 사회에 대한 조소 어린 진단이 응축되어 있습니다.

　　이제야 묻습니다. 그렇다면 시적 대사에서 '시적'이란 무엇을 의미할까요? 사실 지금껏 '환기하는 대사'로 묶어 설명한 모든 대사들, 그러니까 개성과 생활 감각이 묻어나는 구어체 대사, 정서를 환기하는 비속어, 반어와 역설을 만드는 아이러니 대사 모두 일정 부분 시적입니다. 그런데 여기서 이 어마어마한 시적이라는 개념을 설명하는 것은 불가능할뿐더러 과분합니다. 이성복 시인의 표현을 빌려 말하자면 그것은 "언어로 표현할 수 없는 것을 표현하려다 끝없이 실패하는 형식"이자 "비참하게 깨져도 허무하게 무너지지 않겠다"는 선언입니다. 어쩐지 해명되기는커녕 훨씬 더 복잡해진 느낌입니다. 이렇게 말할 수밖에 없습니다. '시적'이란 것은 정의될 수 없습니다. 차라리 영화 언어가 지향해야 할 방향성에 가깝습니다.

그것은 언어라는 도구의 실패와 깨짐을 전제로 한 끝없는 도전입니다. 도전의 과정에서 언어의 최대치가 기적처럼 떠오를 것입니다.

악의 평범성(Banality of Evil)

1961년 예루살렘에서 진행된 나치 전범 아이히만의 재판과정을 지켜보면서 한나 아렌트가 정립한 개념입니다. 아렌트는 피고석의 아이히만에게서 그의 악행에 비해 너무나 평범한 인상을 받습니다. 아이히만은 악귀도, 악당도 아닌 주변 어디서나 볼 수 있는 중년 남성이었던 것입니다. 아이히만은 특별한 인간도, 광신도도 아니었습니다. 그는 명령에 따랐을 뿐이라고 항변합니다. 그는 주체적으로 사유하기를 포기했던 것입니다. 자신이 범한 악행과 자신의 책임을 연결 짓지 못한 채 평범한 표정을 짓고 있는 아이히만을 통해 아렌트는 '악의 평범성'이라는 개념을 추출합니다. 우리는 일상성에 갇혀 나만 정의로우면 바보 취급을 당한다며, 혹은 나 하나 달라진다고 세상이 변하겠냐며 푸념하곤 합니다. 악을 뿔 달린 악귀로 형상화하는 방식은 도리어 일상에 실존하는 악을 예외적인 것으로 만들어 악을 면죄하는 행위일지도 모릅니다. 여타의 평범한 정념과 마찬가지로 악이 우리의 일상에 항존한다고 생각할 때 비로소 아이히만이 하지 않았던 성찰적 사유의 길이 열릴 것입니다.

Ⅳ. 피사체의 지형도

1. 셔레이드, 피사체의 지형도

백 번 말하는 것보다 한 번 제대로 보여주는 것이 훨씬 명쾌할 때가 있습니다. 지금부터 다룰 '셔레이드(Charade) 코드'는 사실 '아모르문디 영화총서' 중 『미장센』(이종승 지음)에서 이미 탁월하게 소개된 바 있습니다. 동일한 것을 다룬다는 사실에 맥이 빠질 이유는 없습니다. 맥락을 달리할 때 스펙트럼은 확장되기 때문입니다. 이 자리에서는 내면의 외면화의 맥락에서 사례 중심으로 그 양상을 자세히 들여다보고자 합니다. 『미장센』에서 기술된 셔레이드 개념을 바탕으로 요약하면 다음과 같습니다. 셔레이드의 의미는 "사람의 몸짓을 보고 그것이 나타내는 말을 알아맞히는 제스처 게임"입니다. TV예능 프로그램의 '몸으로 말해요' 코너를 상상하면 좋을 것 같습니다. 말하지 않고 표정이나 동작을 보여주며 생각과 마음을 전달하는 놀이, 즉 대사 이외의 비언어적 수단을 시각화하며 내면을 외면화하는 방식이 셔레이드입니다.

약간의 부연이 필요합니다. '셔레이드의 시각성'과 '카메라 시선의 시각성'의 구분이 애매하기 때문입니다. 영화감독의 방법론적 고민은 결국 '무엇을 어떻게 찍느냐'의 문제로 귀결됩니다. 여기서 셔레이드의 시각성은 '무엇'에 해당됩니다. 카메라 시선의 시각성은 '어떻게'에 해당됩니다. 셔레이드의 시각성은 카메라 시선이 아니라 피사체의 시각성에 방점을 찍습니다. '피사체의 지형도'가 셔레이드인 것입니다. 그렇다면 '피사체'는 무엇일까요? 원론적으로 가시화될 수 있는 모든 것입니다. 하지만 이 설명은 방대하고 모호합니다. 범위를 좁히면 피사체란 인물의 얼굴이나 신체, 인물을 둘러싼 공간(환경과 소품) 등을 일컫습니다. '지형도'란 무엇일까요? 피사체들의 시각적 상황입니다. 얼굴의 표정, 신체 상황, 제스처, 시선의 방향과 상태, 인물 사이의 거리, 공간의 색감과 뉘앙스, 소품의 위치와 특징 등이 어우러진 상태가 피사체의 지형도입니다.

널리 회자되는 사례 하나를 제시하겠습니다. A와 B가 찻집에 있습니다. 커피에 설탕을 넣는 상황입니다. 첫 번째, A는 잠자코 B의 커피에 설탕을 넣어줍니다. 두 번째, A가 "두 개면 되죠?"라면서 B의 커피에 설탕을 넣습니다. 세 번째, A가 B에게 설탕 용기를 밀며 "먼저 넣으시죠."라고 말합니다. 네 번째, A와 B 모두 각자 자기 커피에 설탕을 넣습니다. 여기서 셔레이드의 용례는 무엇일까요? 네 가지 다입니다. 피사체는 A, B, 커피, 설탕, 찻집의 실내 등입니다. 지형도는 설탕을 커피에 넣기 위해 취하는 행동, "두 개면 되죠?"와 "먼저 넣으시죠"라고 말할 때의 인물의 표정, 두 인물 사이의 물리적 거리, 찻집의 성격(가령 스타벅스인가 전통찻집인가) 등입니다. 가장 친한 사이는 몇 번째 상황일까요? 나는 네 번째라고 생각합니다. 오래된 연인이나 친구 사이는 딱히 격식이 필요 없기 때문입니다. 가장 어색한 사이는 무엇일까요? 나는 세 번째라고 생각합니다. 맞선 자리거나 공적인 미팅일 확률이 높습니다. 두 번째는 B가 A의 오랜 상사처럼 보입니다.

지금부터 인물과 관련된 셔레이드 코드를 '인물 지형도'로, 환경과 관련된 셔레이드 코드를 '공간 지형도'로, 그리고 이러한 피사체들이 정서적으로 충돌하며 역설적 효과를 자아내는 것을 '상황적 역설'로 명명해 설명하고자 합니다.

2. 인물 지형도

영화의 정보를 인물의 제스처, 신체 상황, 얼굴 표정, 인물들의 관계 등을 활용하여 환기하는 셔레이드 코드를 여기서는 '인물 지형도'로 부르고자 합니다. 간단한 예로 시작합시다. 철수는 촉망받는 회사원입니다. 정장을 입고 뿔테 안경을 끼고 있으며 선배 앞에서 예의를 갖추고 무엇보다 업무에 열중합니다. 그런데 그에게는 이상한 버릇 하나가 있습니다. 이따금씩 하던 일을 멈추고 여성 사원의 다리를 바라보는 것입니다. 자,

이런 상황 설정을 통해 우리는 어떤 정보를 유추할 수 있을까요? 철수의 이중성에 섬뜩함을 느낄지도 모릅니다. 그는 변태일 확률이 높은 것입니다. 다소 진부한 예이지만 이처럼 인물의 외모, 행동 등을 통해 정보를 환기하는 기법이 인물을 활용한 셔레이드, 즉 '인물 지형도'입니다.

한국에서 일본 애니메이션으로는 가장 많은 관객을 동원한 신카이 마코토 감독의 〈너의 이름은.〉(2017)을 잘 알고 있을 겁니다. 이 영화는 호기심을 자극하는 설정을 핵심으로 삼습니다. 여자와 남자의 몸이 바뀐다는 설정이 그것입니다. 감독은 인물 지형도를 통해 '뒤바뀐 신체'라는 정보를 생산적으로 드러냅니다. 여고생의 몸을 하고 있지만 손으로 자신의 가슴을 만지며 놀라거나, 팔자걸음을 걷거나, 헝클어진 자세를 취하거나, 남자 아이들이 즐기는 운동을 하는 것으로, 그러니까 '여고생-신체'에 '남고생-행동'으로 정보를 환기합니다. 반대로 남고생의 몸이지만 쉽게 얼굴을 붉히고, 아기자기한 문자를 보내며, 몸의 주인인 남고생이 짝사랑하는 여성의 마음을 사로잡는 행동으로, 그러니까 '남고생-신체'에 '여고생-행동'으로 정보를 전달합니다.

하지만 이런 인물 지형도는 젠더 이슈의 측면에서 비판받습니다. 성차별적 관념을 반복하기 때문입니다. 남자는 '남자처럼' 여자는 '여자처럼' 행동하는 것인데 이때의 '처럼'은 남녀관계를 가부장적 남성 지배이데올로기의 틀로 가둡니다. 더불어 감성적이고 수동적인 여성은 사건 해결의 분기점에서 제자리에 머무는 반면, 이성적이고 능동적인 남성은 그 여성을 구하기 위해 적극적으로 행동하며 기어이 '기적'을 만들어냅니다. 언제까지 백마 탄 왕자를 용납해야 할까요?

〈봄날은 간다〉의 경우를 살펴보겠습니다. 상우와 은수는 이별 후 각자의 삶을 살아갑니다. 상우와 이별하고 잠시 다른 남자를 만나기도 했던 은수는 덤덤한 일상을 보내고 있습니다. 어느 날 사소하지만 파장이 큰 사건이 발생합니다. 은수는 서류를 꺼내다 종이에 손가락을 벱니다. 그때 은수의 행동에 주목해야 합니다. 피를 멈추기 위해 자신도 모르게 팔을 위로 올려 손을 흔드는데 이 행동은 상우에게서 배운 것입니다. 은수의 한 구석에 상우의 흔적이 새겨져 있었던 것입니다.

한편, 우리는 가족, 친구, 그리고 자기 자신에 대해 아는 것만큼이나 모르는 것투성입니다. 타인과 자신의 내면에 대해 설명할 수 있는 것만큼 설명할 수 없습니다. 겉과 속이 불일치하거나, 복잡한 사연을 가지고 있거나, 형언할 수 없는 고통에 빠져 있는 경우, 그때의 내면은 불투명성으로 가득합니다. 셔레이드 코드가 힘을 발휘하는 경우는 이때입니다. 이해할 수는 없지만 공감할 수는 있는 상황을 또 다른 상황으로 환기하는 것에서 인물 지형도의 생산적인 가치가 발견됩니다. 이때의 불투명성을 내면의 외면화의 실패로 오해해서는 안 됩니다. 이것은 외면화 방식이 서툴러서 내면을 드러내는 것에 실패하는 상황이 아닙니다. 그것은 내면의 외면화 자체의 실패에 가깝습니다. 외면화에 실패할 수밖에 없는 내면, 바로 그 불가피성을 독창적 지형도로 환기하려는 방법론적 고민에서 영화 언어의 가치가 발현됩니다.

유괴 영화는 생사의 위험에 빠진 아이, 반인륜적 위협을 상징하는 유괴범, 이성적 판단 능력을 상실한 부모라는 삼각관계를 통해 인간사의 불안을 형상화합니다. 아이가 사라졌습니다. 범인은 목소리로만 존재합니다. 부모는 철저히 무기력합니다. 범인과 부모의 대결은 '계산 가능성'과 '계산 불가능성'의 대결로 환원될 수 있습니다. 범인은 돈으로 수치화된 아이를 담보로 부모를 협박하고, 부모는 돈 따위로는 계산되지 않는 사라진 아이 때문에 고통을 받습니다. 여기서 중요한 것은 계산 불가능한 부모의 마음을 형상화하는 방식입니다.

전형적 사례부터 알아보겠습니다. 대표적 유괴 영화로 〈그놈 목소리〉(박진표, 2007)가 있습니다. 이 영화의 인물 지형도는 딱히 생산적이지 않습니다. 아들의 시체가 발견될 때 때마침 비가 내립니다. 넋이 나간 엄마의 표정이 포착됩니다. 죽은 아들의 이름을 부르며 모두들 오열합니다. 경찰은 무기력합니다. 장엄한 음악이 흘러나옵니다. 물론 여기에도 다양한 지형도가 존재합니다. 하지만 유치합니다. 계산 불가능한 내면을 고려하지 않기 때문입니다. 아니, '슬픔', '분노', '비장' 같은 관념으로 계산 불가능한 것을 계산하기 때문입니다.

〈밀양〉(이창동, 2007)은 〈그놈 목소리〉와 마찬가지로 유괴를 다루고 있지만 태도는 상이합니다. 〈밀양〉에서 이신애(전도연)는 죽은 남편의 고향 밀양에서 아들과 함께 새 삶을 계획합니다. 하지만 얼마 지나지 않아 감당할 수 없는 고통에 직면합니다. 아들이 유괴당한 것입니다. 여기까지는 〈그놈 목소리〉와 크게 다르지 않습니다. 하지만 부모의 마음을 외면화하는 방식은 판이합니다. 안타깝게도 아들은 생환하지 못합니다. 그런데 그녀는 한동안 눈물을 흘리지 않습니다. 장례를 치를 때도, 홀로 남은 집에서도, 아이의 죽음을 신고하러 가는 와중에도 슬퍼하는 표정을 짓지 않습니다. 그녀의 표정은 슬픔, 상념, 냉정, 달관, 침착 등의 수사로 표현될 수 없습니다. 굳이 표현하자면 피곤기가 어린 무미건조한 표정 정도입니다. 이창동 감독은 부모의 마음을 비어 있는 표정으로 드러냅니다. 이것이 환기하는 내면은 무엇일까요?

이를 설명하기 위해 지그문트 프로이트가 설명한 '애도'와 '우울증'의 차이를 들여다볼 필요가 있습니다. 어떤 대상을 상실했을 때 그것에 대한 반응으로서 애도와 우울은 차별화됩니다. 애도란 특정한 대상에 충당되어 있던 리비도가 그 대상의 소멸과 더불어 '한시적'으로 부유해 있는 현상을 일컫습니다. 중요한 것은 한시적이라는 것인데, 그런 의미에서 애도란 비탄에 빠져 있는 상태가 아니라 그것으로부터 벗어나기 위한 현실원칙입니다. 상실된 대상(=사랑하는 사람)에 대한 리비도를 거두어 현실의 새로운 대상에 대한 애착으로 전환시키는 일종의 노동입니다. 슬픈 감정이지만 동시에 슬픔으로부터 벗어나는 운동인 것입니다. 반면에 우울은 애도와 다릅니다. 우울한 사람이 느끼는 상실감은 구체적 대상이 없습니다. 무엇을 잃었는지 모르는 상태에서 상실감에 시달립니다. 외부의 대상이 존재하지 않기 때문에 리비도는 자아를 향합니다. 이때 리비도는 사디즘의 형식을 띠는데, 우울증 환자가 극심한 자기비하에 빠져 자아의 거대한 빈곤화를 드러내는 이유가 여기에 있습니다.

그렇다면 비어 있는 표정으로 이창동 감독이 외면화하려는 이신애의 내면, 즉 아이를 잃은 부모의 마음이란 무엇일까요? 이신애는 애도의 과정을 거치는 듯 보입니다. 아들의 자리를 대신해 종교라는 추상적 대상으로 귀의하기 때문입니다. 비어 있던 표정은 교회에서의 오열 후 온화한 표정으로 바뀝니다. 하지만 그것도 잠시, 이내 곧 강력한 딜레마에 직면합니다. 종교적 힘을 빌려 어렵게 유괴범을 용서하러 간 교도소에서 자신이 용서하기도 전에 이미 하나님으로부터 용서를 받았다는 유

> **리비도(Libido)**
> 오스트리아의 정신분석학자 프로이트가 인간의 성적 본능의 에너지를 지칭하게 위해 만든 개념입니다. 흔히 생의 에너지를 일컫습니다. 이 에너지가 내부로 향하느냐 외부의 객체에게로 향하느냐에 따라 자아 리비도와 대상 리비도로 나눌 수 있는데, 어떤 경우이든 욕망이 만족을 향해 움직일 때 동원되는 에너지 전체를 지칭합니다.

괴범과 마주합니다. 피해자인 자신은 겨우 종교의 힘을 빌려 정상 아닌 정상으로 돌아왔는데, 가해자인 유괴범은 자신의 용서와 상관없이 편안한 표정을 짓고 있었던 것입니다. 이것은 종교에 대한 비판이 아닙니다. 이것은 한시적으로 부유해 있던 리비도가 새로운 대상을 찾지 못하고 떠도는 상황입니다. 혹은 새로운 대상을 찾았다는 생각 자체가 자기기만에 지나지 않았다는 사실의 토로입니다. 아니, 차라리 쓰디쓴 질문에 가깝습니다. 사랑하는 사람을 다른 존재로 대체하는 게 과연 가능할까요? 편안한 표정의 가해자 앞에서 이신애의 애도는 파탄이 난 것입니다. 그렇다면 이신애는 우울증에 걸린 것일까요? 그렇다고 단언할 수도 없습니다. 이신애에게는 아들이라는 구체적인 상실 대상이 존재합니다. 그럼에도 우울증처럼 보이는 이유는 교도소를 다녀온 후 자학에 가까운 행동을 보이며 내면의 거대한 빈곤화를 겪기 때문입니다. 그녀는 분명 아들을 잃었습니다. 하지만 새로운 대상을 찾지 못한 리비도는 배회합니다. 아들을 잃었지만 종래에는 잃어버린 것이 무엇인지조차 갈피를 잡을 수 없는 상황으로 내몰립니다. 이렇게밖에 말할 수 없습니다. 아들의 죽음 이후 이신애가 들어선 자리는 애도도 우울도 아닌 둘의 경계입니다.

한편, 〈밀양〉은 이신애가 처한 상황을 보다 입체화시키기 위해 인물 사이의 관계를 활용하기도 합니다. 유괴범으로부터 협박 전화를 받은 순간 그녀의 내면은 어떠했을까요? 이 경우

〈밀양〉에서 인물 사이의 관계를 활용한 지형도
(패스워드: amor)

에도 이창동 감독은 단언하지 않습니다. 대신 인물 간의 간극을 아로새깁니다. 협박 전화를 받은 후 이신애는 낯선 밀양에서 유일하게 친분이 있는 카센터 사장 김종찬(송강호)에게 달려갑니다. 도움이 절박했기 때문입니다. 그녀는 말 그대로 허겁지겁 달려갑니다. 김종찬의 카센터 앞에 드디어 도착했을 때, 그러나 그녀는 발걸음을 돌립니다. 김종찬이 이신애의 호소를 뿌리쳤을 리 만무합니다. 최소한의 윤리적 감각만 있다면 누구나 이신애를 도왔을 것입니다. 김종찬은 그저 평소처럼 사무실의 노래방 기계로 노래를 부르고 있었을 뿐입니다. 하필이면 그때 노래하고 있었다는 건 중요하지 않습니다. 이 지형도의 의도는 무엇일까요? 나는 인물과 인물 사이의 심대한 '간극'이라고 생각합니다. '이신애의 시간'은 둘로 나뉩니다. 전화를 받기 전과 받고난 이후가 그것입니다. 반면에 '김종찬의 시간'은 딱히 나눠지지 않습니다. 그는 그저 일상적일 뿐입니다. 이신애는 조금 전까지만 하더라도 누구나의 일상에 포함되어 있었습니다. 유치원에서 돌아온 아들을 씻기고 TV를 보다가 잠들면 그만이었습니다. 하지만 유괴범으로부터 걸려온 전화 한 통으로 시간은 분할되어 버립니다. 그녀에게 일상은 이제 결코 공유할 수도, 돌아갈 수도, 복원될 수도 없는 일상입니다. 이창동 감독은 카센터 앞에서 이신애와 김종찬의 간극을 만들어 이신애의 계산될 수 없는 고통을 환기하는 것입니다.

무미건조하게 비어 있는 표정과 인물 사이의 심대한 간극, 그러니까 인물 지형도 앞에서 우리는 그 어떤 논리적 이해도 불가능합니다. 그것은 감히 계산될 수 없습니다. 하지만 그럼에도 불구하고 그 고통의 깊이를 느끼고, 직감하고, 상상합니다. 〈밀양〉은 타인의 고통을 설명하지 않습니다. 대신 비어 있는 인물 지형도로, 즉 질문의 형태로 되묻습니다. 아이의 죽음과 같은 극단의 파탄 상황에서 우리의 반응은 어떠할까요? 그것은 차마 눈물조차 흘릴 수 없는 상황이 아닐까요? 말문이 막히지 않을까요? 한마디 말조차 여유처럼 느껴지지 않을까요?

3. 접근 양식

인물들 사이의 물리적 '거리'는 인물의 '관계'를 생산적으로 환기한다는 점에서 유용합니다. 인물들이 얼마나 접근해 있느냐로 내면의 외면화를 도모하는 셔레이드 코드를 여기서는 '접근 양식(Proxemic Patterns)'이라 부르고자 합니다. 물론 이것은 큰 범주에서 인물 지형도에 들어갑니다. 활용 빈도가 높고 설명할 내용이 많아서 접근 양식으로 분리해 설명하고자 합니다. 일상에서 우리는 이를 본능적으로 수행합니다. 가까운 사이는 가깝게 붙어 있고 먼 사이는 멀게 떨어져 있는, 지극히 평범한 상황 말입니다.

도식적으로 나누자면 네 가지 정도가 가능합니다. 친밀한 거리, 사적인 거리, 사회적 거리, 공적인 거리가 그것입니다. '친밀한 거리'란 피부가 맞닿을 정도의 거리입니다. 길을 가다 둘이 마치 한 몸처럼 걷는 연인을 발견할 때가 있습니다. 부러운 나머지 씁쓸한 기분이 들지 모르지만 그렇다고 꼴사납다 말해서는 안 됩니다. 그들은 자신들이 진득한 연인이라는 사실, 너무나 친밀한 관계라는 사실을 환기하고 있을 뿐입니다. 그것은 죄가 아닙니다. 한편, '사적인 거리'란 어깨동무가 가능한 정도의 거리입니다. 필요하면 육체적 접촉도 가능합니다. 연애기간이 제법 되는 연인이나 아주 친한 친구를 생각하면 될 것 같습니다. '사회적 거리'란 1에서 2미터 정도 떨어진 거리입니다. 일상적인 사교 모임이나 회사 동료 수준의 관계를 환기합니다. 마지막으로 '공적인 거리'입니다. 이것은 2미터 이상 떨어진 관계입니다. 사심이 전혀 없는 관계, 연설 및 강연이나 다른 회사와의 회의 시에 이러한 거리가 설정됩니다.

〈과속 스캔들〉(강형철, 2008)은 접근 양식을 활용한 대표적 사례입니다. 20년 가까이 남남으로 지내던 가족이 함께 살게 되면서 벌어지는 에피소드가 이 영화의 이슈입니다. 남현수(차태현)는 잘나가는 라디오 DJ입니다. 고급 오피스텔에서 자유롭게 연애하며 혼자만의 삶을 즐깁니다. 그런데 어느 날 자신이 그의 딸이라 주장하는 황정남(박보영)이 어린 아들 황기동(왕석현)과 함께 나타납니다. 고등학생 때 옆집 누나와의 관계에서 생긴 딸이, 역시나 고등학생일 때 가진 아들과 함께 남현수의 집을 찾은 것입니다. 만약 수준이 낮은 TV드라마였다면 이런 상황을 어떻게 외면화했을까요? 딸이 "아버지, 제가 아버지 딸이에요!"라고 하면 아버지가 "혹시 너 허벅지에 큰 점이 있니? 그 목걸이는 어디서 난 거니?"라고 물을 겁니다. 그러면 딸이 "맞아요, 큰 점이 있어요. 이 목걸이는 어머니가 돌아가실 때 주신 거예요!"라고 답할 겁니다. 때마침 비장한 음악이 흐릅니다. 둘은 벅찬 감동에 젖어 오열합니다. 그리고 다음 날부터 남남으로 지냈던 20년을 까맣게 잊어버리고 평생 함께 살아온 가족처럼 정을 나눌 겁니다. 물론 감동적일지 모릅니다. 하지만 이것은 외면화라기보다는 억박지르기에 가깝습니다. 최소한의 개연성마저 묵살하기 때문입니다.

〈과속 스캔들〉의 강형철 감독도 억박지르기는 곤란하다고 생각했던 모양입니다. 어떻게 20년을 남남으로 지냈던 사이가 DNA를 공유한다는 이유만으로 하루아침에 정을 나눌 수 있겠습니까? 진부한 외면화를 피하기 위해 강형철 감독이 선택한 것은 '접근 양식'입니다. 남남에서 가족으로의 변화를 환기하는 것은 '할아버지'와 '딸-손자' 사이의 '거리'입니다. 처음 남현수는 딸이라 주장하는 황정남을 매몰차게 몰아내려 합니다. DNA 검사에서 완벽한 부녀지간이라는 사실이 밝혀지자 어쩔 수 없이 함께 삽니다. 하지만 그들은 어색합니다. 20년간 남남

〈과속 스캔들〉의 접근 양식(패스워드: amor)

으로 살았기 때문입니다. 소파에 앉을 때도, 밥을 먹을 때도, 할아버지와 딸-손자는 멀찌감치 떨어져 있습니다.

　어떻게든 딸과 손자를 내보내려는 남현수는 채찍 전략 대신 당근 전략을 활용합니다. 부드러운 말투로 딸에게 술을 권합니다. 하지만 상황은 남현수의 기대와는 반대로 갑니다. 술은 곧 결속이라 했던가요? 그들은 술에 취해 20년 만에 처음으로 부녀의 정을 나눕니다. 티격태격 말다툼하는 사이 지금껏 알지 못했던 서로의 사연이 공유됩니다. 기어이 "한 잔 더!"를 외치며 부녀의 술자리는 흥이 만발합니다. 이제 남현수와 손자와의 관계가 남았습니다. 남현수는 손자를 데리고 유치원에 갑니다. 거기서 이들 남자들은 동일한 상황을 경험합니다. 남현수는 유치원 원장에게, 손자는 꼬마 숙녀에게, 한눈에 반합니다. 짝사랑의 비밀을 공유하면서 할아버지와 손자는 연대합니다. 각자의 사랑 앞에서 둘은 한 몸이 되는 것입니다. 이제 남남이었던 삼대(三代)는 가족이 되어갑니다. 집 청소는 남현수만의 몫이었습니다. 이제 딸과 손자가 함께합니다. 질서정연하고 깔밋하게 차려진 밥상은 이들의 결속을 환기합니다. 소파 위에서 남현수는 딸-손자가 있는 쪽으로 자연스럽게 몸을 옮깁니다. '할아버지'와 '딸-손자'의 지형도가 '할아버지-딸-손자'의 지형도로 변합니다. 가족이 탄생한 것입니다.

4. 공간 지형도

이제부터 공간 지형도를 알아보겠습니다. 쉬운 예를 생각해 봅시다. 흔히 우리는 장사가 안 되는 식당을 "파리만 날린다"라고 합니다. 텅 빈 식당의 파리 날리는 상황은 식당의 경영난을 환기합니다. 한편, 시험기간 중인 대학을 어떻게 형상화할 수 있을까요? 빈자리 하나 없는 도서관의 풍경으로 드러낼 수 있습니다. 공간의 물질성을 활용해 특정의 정보를 환기하는 셔레이드 코드를 여기서는 '공간 지형도'라 부르고자 합니다.

〈더 킹〉(한재림, 2017)의 공간은 대개 과시적입니다. 여기서 '과시적'이란 특정의 목적을 위해 리얼리티를 일정 부분 훼손한다는 의미입니다. 사건 관련 문서로 가득한 보관소를 기억하시는지요? 검토는 끝냈으나 아직 공론화되지 않는 문서들이 보관되어 있는 장소 말입니다. 이 공간은 개연성 있어 보이지 않습니다. 문서의 양이 압도적으로 방대합니다. 정계와 검찰의 결탁이 곧 한국 현대사라 할지라도 공론화될 기회를 엿보는 사건이 그 정도로 방대할 리 없다는 상식적 의문도 있습니다. 하지만 이런 의문은 영화 감상을 방해하지 않습니다. 그 공간을 실제 공간으로 이해할 관객은 거의 없습니다. 권력욕에 취해 환각 상태에 빠진 검찰의 헛된 내면을 조소어린 시선으로 환기하는 지형도이기 때문입니다. 공익이 아닌 사익을 위해 범죄를 이용하는 저열한 욕망이 과시적 공간의 진의입니다.

공간 지형도를 거론하면서 이 영화를 빠뜨리는 것은 어불성설입니다. 〈그래비티〉(알폰소 쿠아론, 2013)가 그것입니다. 지금껏 우주 공간을 다룬 영화 대부분은 SF 목록에 들어갑니다. 거기서 우주는 시공간적 장벽이거나 이국적 풍경의 확장판이었습니다. 〈인터스텔라〉(크리스토퍼 놀런, 2014)를 생각하면 이해가 쉽습니다. 〈그래비티〉의 우주 공간은 성격이 다릅니다. 이것은 우주 공간을 최상의 리얼리티로 재현하기 위해 가용할 수 있는 수단과 방법 모두를 동원하는 영화입니다. 현재의 우주 과학에 바탕을 둔 정밀한 공간 설계와 이를 유려하게 포착하는 촬영기법은 우리를 '진짜' 우주로 초대합니다. 컷 없이 이동하는 시점으로 실감을 배가하는 오프닝 시퀀스, 실시간 영화에 가까운 시간 감각, 유영하듯 인물을 뒤따르는 롱테이크, 3D 아이맥스에 최적화된 촬영 기법 등이 지금껏 세계 영화사에 존재하지 않는 우주 공간을 탄생시킨 것입니다. 그렇다면 이 공간 지형도는 무엇을 환기할까요? 그것은 하나의 키워드로 환원됩니다. '생존'입니다. 이 영화는 무한공간에 던져진 인간이 할 수 있는 선택이란 결국 생존 투쟁일 수밖에 없다는 것을 절실하게 토로합니다. 지구로 돌아와야 할 명분 따위는 무화(無化)됩니다. 그곳은 오로지 생존 감각에만 붙들린 인간 욕구의 장(場)입니다.

여기 생존을 다루지만 그 방식은 상이한 영화가 있습니다. 〈너의 이름은.〉이 그것입니다. 신카이 마코토 감독의 애니메이션은 정경 묘사로 유명합니다. 따뜻한 색감과 웅장한 스케일, 부드러운 명암 대비, 정밀한 터치 등으로 빛의 향연을 최대한 살린 화폭 안에서 도시의 일상과 전원의 낭만은 생기와 호흡을 얻으며 미적 대상으로 승화됩니다. 〈너의 이름은.〉은 일본의 후쿠시마 원전 사태를 은유하는 재난을 중심에 놓고 그것의 대항으로 '기적'을 그려나갑니다. 이건 정말이지 기적입니다. 재난 이전의 시간대로 되돌아가기 때문입니다. 영화를 보신 분은 아시겠지만 이 기적은 현실의 비루함에 오염되지 않는 강렬하고, 순수하고, 진지한 운명으로 가능해집니다. 현실적으로 불가능할 찰나적 순간에서 시공간의 간극, 세대의 불화, 관계의 엇갈림은 말끔하게 제거됩니다. 신카이 마코토 감독은 기적을 설득하기 위해 세속적인 것이 제거된 순수의 극점을 형상화합니다. 이때 미적 대상으로 승화된 빛의 향연은 기적을 설득력 있게 환기합니다. 신카이 마코토의 화폭 자체가 이 영화의 세계관인 것입니다.

하지만 〈너의 이름은.〉은 단순한 애니메이션이 아닙니다. 한국에서 이 영화를 보는 것은 한국과 일본 사이의 관계, 즉 일본의 지배를 받았던 한국의 사연을 개입시킵니다. 물론 이 영화는 아름답습니다. 그러나 우리는 이 아름다움의 정체성에 대해 냉정하게 질문해야 합니다. 〈너의 이름은.〉은 기적으로 재난을 보듬습니다. 그런데 그것은 재난 이후의 현실적 복원이 아니라 재난 이전의 이상적 평온으로의 회귀, 즉 재난의 전적인 부정입니다. 운명의 극점과 같은 '최상의 심혼(心魂)'은 재난을 감당해야 하는 현실의 문제를 망각하게 합니다. 기적을 염원하는 태도에는 재난 복구, 정치, 정신적 외상 같은 현실적 과제가 들어서지 못합니다. 이것은 넓게는 제2차 세계대전 이후 일본이 가해자로서의 위치를 망각하는 태도와 연결됩니다. 그들은 '대동아공영'이라는 '심혼'에 취해 조선을 파괴했습니다. 전쟁에서 패배하자 '피해자'라는 '심혼'을 앞세워 몇 십 년간 자행된 가해의 흔적을 망각했고 망각하는 중입니다. 〈너의 이름은.〉의 화폭이 채 음미하기도 전에 식어버리는 이유가 이것입니다. 기적을 설득하는 낭만적 공간은 실상 자기 위안의 허상일 뿐입니다. 한국의 지역 정치학에서 그것은 다분히 기만적이고 위선적입니다.

지금까지 공간의 물질성이 자아내는 의미화에 대해 알아봤습니다. 이제부터는 공간에 놓인 소품으로, 설명하되 설명이 아닌 것처럼 설명하는 사례를 알아보겠습니다. 다시 〈봄날은 간다〉를 들여다봅시다. 자신에게서 상우의 흔적을 발견한 은수는 조심스럽게 상우와 재회합니다. 어색한 침묵이 흐르는 어느 카페에서 둘은 마주보고 앉아 있습니다. 형식적 대화가 오갑니다. 그때 은수가 상우에게 할머니에게 드리라며 작은 화분을 내밉니다. 은수와 사귈 때 상우는 할머니 얘기를 자주 했던 터입니다. 상우는 약간 망설인 후 화분을 받습니다. 관객은 망설이는 상우의 표정을 이해합니다. 할머니는 이미 돌아가셨고 은수만 그 사실을 모릅니다. 이때 화분은 인물의 관계를 효과적으로 환기합니다. 이별한 기간만큼 간극이 생긴 것입니다. 화분의 기능은 그것만이 아닙니다. 카페에 나온 두 인물은 벚꽃이 만발한 인도를 걷습니다. 화분을 손에 든 상우는 은수를 몇 발짝 앞질러 걸어갑니다. 그런 상우를 은수는 급하게 따라갑니다. 상우의 팔짱을 끼며 은수가 말합니다. "우리 다시 같이 살까?" 상우는 걸음을 멈춥니다. 은수를 한동안 지켜보던 상우는 들고 있던 화분을 은수에게 내밉니다. 은수는 멋쩍은 미소를 지으며 고개를 끄덕입니다. 이때 화분은 상우의 내면과 두 인물의 관계를 환기합니다. 이미 끝난 사랑은 다시 복원될 수 없는 것입니다.

〈봄날은 간다〉에서 관계의 소원을 환기하는 피사체의 지형도(패스워드: amor)

〈살인의 추억〉에서 연쇄살인범이 출현하는 정황은 몇 가지로 요약됩니다. 살인범은 비가 내리는 저녁, 라디오에서 특정 음악이 나올 때, 빨간 옷을 입은 여자를 대상으로 범행을 벌입니다. 개괄적 정보가 전달된 후 한 가정집의 에피소드가 시작됩니다. 밥상이 보이고 열린 문 뒤로 비가 내립니다. 우산이 없어 귀가하지 못하는 가족과 통화중인 한 여성은 "알겠어"라며 마중 나갈 준비를 합니다. 우산을 들고 가족을 마중 나기기 직전, 그녀가 입고 있던 외투는 빨간색입니다. 이후 상황은 익히 알고 있는 그대로입니다. 그것은 그녀의 마지막 외출입니다. 논두렁을 걷던 중 그녀는 연쇄살인범의 기습에 살해당합니다. 그녀의 비명 소리와 함께 '컷'된 후 카메라는 아직 아무도 손대지 않은 밥상을 비춥니다. 뒤로는 연신 전화가 울립니다. 그 전화기는 경찰서의 전화기로 이어집니다. 이렇듯 살인의 정황은 다양한 소품을 통해 환기됩니다. 우선 빨간 옷입니다. 그 순간 우리는 앞으로 그녀에게 닥칠 위기를 직감합니다. 비 내리는 저녁입니다. 살인의 정황을 암시합니다. 다음으로 밥상입니다. 가족을 위해 차린 밥상이 이 장면의 말미에서 그녀의 부재를 환기합니다. 마지막으로 전화기입니다. 그것은 우산을 들고 나간 그녀가 전화를 건 가족에게 아직 도착하지 않았다는 사실을 드러냅니다. 전화기가 경찰서의 전화기로 연결되면서 그녀의 죽음은 공식화됩니다.

5. 상황적 역설

　알프레드 히치콕 감독은 미국 영화사, 아니 세계 영화사의 거장입니다. 그가 남긴 격언 중 가장 유명한 것은 "사랑은 살인처럼, 살인은 사랑처럼"일 것입니다. 가령, 철수와 영희가 다정하게 앉아 있습니다. 철수가 영희에게 말합니다. "사랑해." 이에 영희가 대답합니다. "나도 사랑해." 우리는 이들의 사랑을 의심하지 않습니다. 내면과 외면이 정확하게 일치하기 때문입니다. 반대로 다투는 상황은 어떨까요? 철수가 영희에게 말합니다. "나는 너를 증오해." 이에 영희가 대답합니다. "나 역시 너를 증오해." 역시나 우리는 이들의 증오를 의심하지 않습니다. 내면과 외면이 일치하기 때문입니다. 만약 영화에서 이런 상황을 목격한다면 너무 단순한 나머지 우리는 사랑과 증오 이면에 숨겨진 무엇을 추측하려 할 것입니다. 표면이 너무 투명해서 오히려 철수와 영희가 우리를 속이고 있다고 생각할 것입니다. 하지만 그것이 진지한 연출의 결과물이라면 우리는 무척 당황스러울 것입니다. 기계가 말을 하는 상황이기 때문입니다.

　히치콕 감독이라면 이런 상황을 어떻게 연출했을까요? 추정컨대, 사랑의 경우 영희가 철수의 뺨을 될 수 있는 한 세게 때리게 만들 것 같습니다. 이에 철수는 묵묵히 뺨을 맞고 있을 겁니다. 아니면 번화가 인파에도 아랑곳하지 않고 서로에게 삿대질을 하며 언쟁하게끔 지시했을지도 모릅니다. 일차적으로 우리는 두 사람의 이별을 예감할 것입니다. 하지만 그것 이전에 우리는 부지불식간 두 인물의 관계, 즉 사랑하는 사이라는 사실을 직감했을 겁니다. 평범한 사이라면 뺨을 때리지도, 인파에 무신경하지도 않을 것이기 때문입니다. 그들의 증오는 역으로 그들의 사랑을 증명합니다. 한편, 서로를 증오해 살인에까지 이르는 상황을 살펴봅시다. 영희가 철수를 칼로 찔렀다고 합시다. 이때 영희가 철수를 향해 "너는 나를 농락했어! 내가 이 순간을 얼마나 기다려왔는지 너는 모를 거야! 너는 씹어서 죽여도 모자랄 사악한 놈이야'라는 대사를 뱉는다면 어떨까요? 영희의 분노는 충분히 전달될 것입니다. 하지만 전혀 인상적이지 않습니다. 히치콕 감독이라면 영희에게 이런 대사를 지시했을지도 모릅니다. 죽어가는 철수를 보며 아무 일 없다는 듯, 혹은 다정다감한 표정을 지으며 "많이 아파? 괜찮아. 조금만 참아. 그러면 온몸이 따뜻해지면서 기분이 좋아질 거야. 잘 가. 사랑해. 나를 잊으면 안 돼, 진짜 사랑해."라고 말입니다. 이때의 "사랑해"는 역으로 증오를 증명합니다.

히치콕 감독은 역설적 배치가 관객에게 충격을 던지며 강력한 이입 효과를 발휘한다는 사실을 간파하고 있었습니다. 물론 그의 격언은 사랑과 살인에만 해당되는 것이 아닙니다. 이것은 현재 벌어지는 상황과 그것으로 연역되는 또 다른 상황, 그리고 이를 조망하는 관객의 기대 등을 충돌시킴으로써 관객에게 정서적 충격을 안기는 것과 동시에 효과적으로 내면의 외면화를 달성하는 방법론 일체를 포함합니다. 인물과 자신의 내면 사이의 충돌, 인물과 인물의 충돌, 인물과 공간의 충돌, 공간과 공간의 충돌, 스크린 안(=인물)과 스크린 밖(=관객)의 충돌 등을 이용해 특정한 정보를 인상적으로 환기하는 셔레이드 코드를 여기서는 '상황적 역설'이라 부르고자 합니다.

상황적 역설을 체계화시킨 히치콕 감독의 〈싸이코〉(1960)로 시작하는 게 좋을 것 같습니다. 이 영화에서 우리는 세계 영화사에 길이 남을 명장면과 마주합니다. 히치콕 감독은 3분이 채 안 되는 이 신을 위해 총 제작기간 80여 일 중 무려 11일을 할애했습니다. 45초에 불과한 살인 장면을 각각 카메라 위치가 다른 78개의 컷으로 구성했습니다. 이렇게 완성된 것이 그 유명한 '욕실 살인 장면'입니다. 이 장면에서 히치콕 감독은 대략 세 가지 정도의 상황적 역설을 창출합니다.

첫째, 욕실 장면 직전까지 지속된 영화의 지배적 논리와 욕실 장면 사이의 충돌이 그것입니다. 주인공 마리온(자넷 리)은 가난한 남자친구와 함께 살기 위해 회사의 자산을 횡령해 도망치는 중입니다. 경찰의 추적을 따돌린 그녀는 어느 한적한 시골마을의 낡은 모텔에 도착해 안도의 한숨을 내쉽니다. 새로운 삶을 기획하는 듯 희망에 부풀어 있는 것처럼 보이기도 합니다. 그녀는 자연스럽게 욕실로 향합니다. 그런데 그때 예상치 못한 사건이 발생합니다. 제법 여유롭게 샤워하는 와중에 정체불명의 괴한이 들이닥쳐 그녀의 신체를 난도질합니다.

우리는 난감할 수밖에 없습니다. 영화가 시작된 지 얼마 되지 않아 주인공이 영화에서 완전히 사라진 상황입니다. 주인공은 절대 죽지 않는다는 할리우드의 통념이 깨진 겁니다. 둘째, 욕실 장면의 분위기와 그 안에서 벌어지는 사건 사이의 충돌입니다. 그녀가 도착한 모텔은 어둡습니다. 이는 도망자 신세인 주인공의 심리와 조응합니다. 이와 대비적으로 욕실은 밝습니다. 이것도 한시름 놓은 주인공의 심리와 어울립니다. 바로 그때, 공간의 밝은 톤과 인물의 여유로운 표정이 안정적으로 전시되는 그때, 어두운 그림자가 출몰해 칼을 휘두릅니다. 욕실의 분위기와 난데없는 급습이 강력하게 충돌하는 것입니다. 셋째, 사건과 이미지 사이의 충돌입니다. 무방비 상태에서 공격을 당한 마리온은 욕조에 쓰러집니다. 죽음의 이유를 알지 못하고 싸늘하게 식어 있는 그녀의 나체는 처연합니다. 그때 히치콕 감독은 그녀의 핏물이 빠져나가는 수채 구멍의 이미지, 즉 구심력의 회전 운동을 밀착해서 포착합니다. 나아가 그것은 죽음에 임박한 마리온의 눈 이미지로 부드럽게 전환됩니다. 회전 이미지와 영롱한 눈빛이 겹쳐지면서 만들어내는 이미지는 급작스러운 죽음을 낯설게 만들만큼 '지나치게' 아름답습니다. 히치콕 감독은 처연한 죽음과 탐미적인 이미지를 충돌시키고 있는 것입니다.

상황적 역설을 통해 히치콕 감독이 드러내고자 했던 것은 무엇일까요? 프랑스의 영화감독이자 영화비평가 프랑수아 트뤼포와의 인터뷰에서 히치콕은 이와 관련된 인상적인 말을 남깁니다. "1차적으로 충격 효과를 최대치로 발현하는 것입니다." 당연히 이때의 충격은 관객을 향합니다. 이러한 방법론적 고민은 〈싸이코〉에만 해당되는 게 아닙니다. 히치콕에게 영화란 감독과 관객이 벌이는 일종의 심리 게임입니다. 그가 볼 때 관객은 이야기보다 한 발짝 앞서 가기를 원하는 경향이 있습니다. 이런 경향을 상황적 역설을 통해 거꾸로 이용함으로써 관객과의 심리 게임에서 주도권을 획득하려 한 것입니다. 욕실 장면의 상황적 역설은 정보 전달을 넘어섭니다. 이것은 일반적 영화 관습을 고의적으로 비틀어 인공물로서의 영화적 지위를 드러내는 일종의 '영화에 대한 영화', 즉 '영화적 재현 방식'을 되묻는 작업이기도 합니다. 재현되는 대상을 진짜라고 주장하는 '환영주의'에서 한 걸음 나와 그러한 환영을 도리어 파괴함으로써 충격 효과를 만드는 것과 동시에 영화라는 형상물의 지위 자체를 '자기반영적'으로 질문하는 것입니다. 이것이 히치콕 감독의 위대한 업적입니다. 그의 영화는 거의 대부분 관객과의 심리전에서 압도적으로 승리했습니다. 동시에 그때까지 존재해온 영화 문법의 양식을 의심하고, 재고하고, 해체함으로써 영화 문법의 진화, 나아가 세계 영화사의 진화를 도모했습니다.

위대한 감독의 창작물을 분석하다 보니 다소 장황해졌습니다. 상황적 역설이 혹여 까다로운 개념으로 오해될까 걱정됩니다. 익숙한 사례로 부연될 필요가 있겠습니다. 현재 배우 하정우의 이미지는 많은 대중의 호감을 삽니다. 하지만 지금부터 언급할 영화가 개봉했을 무렵 하정우의 이미지는 공포 그 자체였습니다. 〈추격자〉(나홍진, 2008)가 그것입니다. 이 영화에서 하정우는 연쇄살인범 지영민을 연기합니다. 그때 지영민이 환기하는 공포는 일반적 공포와 다릅니다. 그에게는 스릴러에서 우리가 흔히 기대하는 것이 빠져 있습니다. 우선, 연쇄 살인의 동기가 없습니다. 〈살인의 추억〉의 경우 범인이 잡히지 않아서 동기를 모르지만, 〈추격자〉의 경우 범인이 누군지 알고 그의 살인 행각도 목격하지만 살인의 이유는 끝끝내 공백입니다.

환영주의(Illusionism)과 자기반영성(Self-reflexivity)

영화학자 로버트 스탬에 따르면 예술이란 환영주의와 자기반영성 사이의 영원한 긴장관계입니다. 환영주의란 등장인물과 영상의 배열을 실제 사람과 실제 시간인 것처럼 재현하는 방식입니다. 즉, 스스로의 재현을 실체화된 사실인 것처럼 제시하는 형상화 방식에 대한 통칭이 환영주의입니다. 반면에 자기반영성은 수용자가 영화의 그러한 가면성에 지속적으로 주의를 기울이게 하거나 영화의 설계와 구성을 끊임없이 의심하고 재검토하게끔 유도하는 재현 방식에 대한 통칭입니다. 영화적 형식과 관습이 언급되고 선형적인 내러티브가 파괴됨으로써 영화 스스로가 인공물이라는 사실을 드러내는 영화적 태도인 것입니다. 환영주의가 던지는 질문은 '무엇'을 재현할 것인가, 혹은 재현된 대상의 '의미'는 무엇인가입니다. 반면에 자기반영성이 던지는 질문은 '어떻게' 재현할 것인가, 혹은 '재현'이란 무엇인가라는 질문입니다.

인물(=살인자)의 비어 있는 내면과 관객의 기대(=살인 동기)가 충돌하면서 생성되는 상황적 역설이 종래와는 다른 공포를 환기하는 것입니다.

한편, 지영민의 아지트에 감금된 김미진(서영희)은 극적으로 탈출에 성공합니다. 도움을 구하기 위해 달려가던 중 동네 구멍가게 '개미슈퍼'를 발견하고 들어갑니다. 관객은 안도의 한숨을 내쉽니다. 슈퍼 주인이 김미진을 방에 숨겨줬고 경찰에 신고했으니 이제 조금만 기다리면 죽음의 위기에서 벗어날 수 있습니다. 하지만 얄궂게도 운명은 김미진의 편이 아닌 것 같습니다. 영화는 김미진의 탈출과 병행해 지영민의 귀가를 보여줍니다. 언론의 눈치를 보던 검사가 유력한 살인 용의자 지영민을 풀어준 것입니다. 경찰서에서 나온 지영민은 아지트로 돌아갑니다. 이때까지만 해도 괜찮습니다. 남녀 형사 두 명이 그를 미행하기 때문입니다. 그러나 지하철에 오르는 지영민을 뒤따르던 중 그만 남자 형사가 이탈합니다. 김미진을 지켜 줄 형사는 이제 지영민에게 공포를 느끼는 여자 형사뿐입니다. 마을버스로 아지트 인근에 도착한 지영민은 담배가 떨어졌다는 사실을 깨닫고 가게를 찾습니다. 바로 그때 지영민의 눈앞에 '개미슈퍼'가 나타납니다. 운명의 장난처럼 슈퍼 주인은 평소 지영민을 잘 알고 있습니다. 단골인 까닭입니다. 그리하여 도리어 지영민에게 경찰이 올 때까지 같이 있어 달라며 도움을 청합니다. 기가 막힌 상황적 역설입니다. 운명은 지영민의 편입니다. 지영민은 슈퍼 주인을 살해합니다. 그리고 기어이 김미진 앞에 섭니다. 불행은 피해자에게 닥치고 행운은 악을 편드는 상황, 혹은 관객의 호소를 영화가 배신하는 상황입니다.

하지만 여기서 끝나지 않습니다. 진짜 공포는 지영민의 섬뜩한 행동에서 나옵니다. 지영민의 표정, 행동, 말이 그렇다는 것이 아닙니다. 만약 빤히 예상할 수 있는 표정, 행동, 말이었다면 공포는 반감되었을 것입니다. 지영민은 그 순간, 지금 자행되는 일이 아무 일도 아니라는 듯이 김미진에게 그저 평범한 말투로 말합니다. "야, 일어나 봐." 이어서 피식 웃고는 "너 어떻게 나왔어?"라고 묻습니다. 나는 슈퍼 주인을 망치로 살인할 때보다, 지영민이 망치로 김미진을 가격할 때보다, 살인 직전에 연출된 지영민의 이러한 행동이 훨씬 더 소름 끼쳤습니다. 엽기적 살인 행각이라는 극단의 예외와 그것을 대하는 일상적 평범성이 격렬하게 충돌하기 때문입니다.

V. 카메라 시선

1. 영화의 구성단위

드디어 '카메라 시선'을 다룰 차례입니다. '피사체의 지형도'가 카메라에 포착되는 피사체들의 시각성에 대한 논의였다면, 카메라 시선은 카메라가 피사체의 지형도를 포착하는 방식에 관한 논의입니다. 지금까지 우리가 살펴본 내면의 외면화는 '대사'와 '피사체'에 대한 것이었습니다. 엄밀하게 말해 이것은 영화에서만 가능한 방법론적 고민은 아닙니다. 대사의 경우 영화가 아니더라도 가능합니다. 피사체의 지형도 역시 생산적 영화 언어이지만 연극에서도 적극 활용됩니다. 지금부터 다룰 내용은 영화가 제일 잘 할 수 있는 영화 언어, 영화적 형상화에 대한 것입니다.

카메라 시선에 정밀하게 접근하기 위해 영화의 단위에 대한 설명이 필요합니다. 영화는 움직임의 예술입니다. 하지만 움직임을 있는 그대로 포착할 수 있는 기술은 이 세상에 존재하지 않습니다. 이것은 어려운 얘기가 아닙니다. 우리는 영화가 1초에 24장의 연속적인 사진으로 구성되어 있다는 사실을 잘 압니다. 1초에 24장의 사진을 연속적으로 투사할 때 생성되는 착시와 그것이 만드는 움직임이 영화의 기본 원리인 셈입니다. 이때 24장의 연속 사진 중 하나의 사진을 우리는 '프레임(frame)'이라고 부릅니다. 물리적으로 영화는 한 장의 사진, 즉 프레임에서 시작됩니다.

이것은 아직 영화가 아닙니다. 프레임은 물리적 최소 단위일 뿐입니다. 움직임이 생성되지 않았기 때문입니다. 이 한 장의 사진이 이어지는 사진과 결합해 연속적 움직임을 만들 때, 그것을 우리는 '쇼트(Shot)'라 부릅니다. 영화가 움직임의 예술이라 할 때 움직임의 최소 단위인 쇼트가 영화의 최소 단위인 셈입니다. 프레임과 달리 쇼트는 물리적으로 정해진 시간이 없습니다. 두 장의 사진에서부터 시작해 몇 초, 몇 십 초, 몇 분, 심지어 영화 전체가 하나의 쇼트일 수 있습니다. 도식적으로 말하자면 하나의 쇼트는 단절 없이 지속되는 화면, 즉 '컷(Cut)' 없이 한 번에 촬영된 화면을 의미합니다. 하지만 몇 십 초 이상 지속되는 쇼트는 지극히 예외적입니다. 대개 몇 초 정도이고 길어봤자 10초를 넘기지 않습니다.

히치콕 감독의 〈로프〉(1948)나 송일곤 감독의 〈마법사들〉(2005) 아니면 알레한드로 곤잘레스 이냐리투 감독의 〈버드맨〉(2014)의 경우 단 하나의 쇼트, 혹은 몇 개의 쇼트가 영화 전체를 구성합니다. 하지만 이것은 극히 예외적 상황입니다.

대개 한 편의 영화는 몇 천 개 이상의 쇼트로 구성됩니다. 영화는 쇼트들의 집합인 것입니다. 이때 쇼트들의 집합의 최소 단위를 우리는 '신(Scene)'이라고 부릅니다. 집합이라고 해서 긴 시간이 할애되는 것은 아닙니다. 동일한 시간, 공간, 상황, 액션, 대사, 사건이 나타나는 쇼트들의 최소 집합이 신입니다. 짧게는 몇 초, 대개는 몇 십 초, 길게는 몇 분 정도입니다. 한편, 이러한 신이 한 개 이상 결합해서 특정 상황을 시작부터 끝까지 묘사하는 영상 단락을 우리는 '시퀀스(sequence)'라고 부릅니다. 보통 시퀀스는 책의 장(Chapter)으로 비유되곤 합니다. 결국에는 영화에 포섭되겠습니다만, 그것 자체로도 시작-중간-끝의 독립적인 기능을 수행하며 자생적 상황을 생산합니다. 신이 단일의 시공간 단위라면 시퀀스는 단일의 극적 단위인 셈입니다. 그리고 최종적으로 이러한 시퀀스가 모여 한 편의 영화가 됩니다.

그렇다면 다시, 영화란 무엇일까요? 그것은 프레임이 합쳐져 움직임을 생성하는 쇼트와, 그 쇼트'들'이 합쳐져 단일한 이슈를 생성하는 신과, 그 신'들'이 합쳐서 자생적 극적 상황을 생산하는 시퀀스, 그리고 최종적으로 시퀀스'들'의 극적 상황이 어우러지면서 생성되는 평균 90분 정도의 가공 세계가 곧 영화인 것입니다.

2. 프레임 역학: 포함과 배제

카메라 시선의 물리적 최소 단위는 프레임입니다. 움직임이 없기 때문에 흔히들 쇼트가 최소 단위라고 하지만, 그럼에도 프레임에는 카메라 시선의 본질적인 속성이 응축되어 있습니다. 그것은 포함과 배제의 구획입니다. 다음의 인용문은 이와 관련된 영화 언어의 본질적 속성을 정확하게 서술하고 있습니다.

한 편의 영화가 작동하는 것은 영화가 가시 세계로부터 가져온 것을 통해서이다. 따라서 영화에서 이미지는 이미 잘려져 있다. 영화 속에서 운동은 구속되고, 일시적으로 중단되며, 뒤집히고, 정지된다. 현전보다 본질적인 것이 잘라냄이며, 이는 편집의 효과 때문이 아니라 그 이전에 맨 처음부터 존재하는 프레이밍의 효과, 그리고 가시 세계를 외부의 힘으로 순화하는 작용의 효과 때문이다.

프랑스의 철학자 알랭 바디우는 그의 책 『비미학』에서 영화 미학의 본질을 위와 같이 성찰합니다. 카메라 시선은 결국 '프레이밍 효과(framing effect)'입니다. 프레이밍 효과란 프레임을 잡으면서 발생하는 의미입니다. 영화는 가시 세계를 가장 정확하게 포착하는 예술입니다. 하지만 영화가 곧 가시 세계인 것은 아닙니다. 카메라 시선에 포착되는 순간 가시 세계는 프레임이라는 인공적인 사각 틀에 의해 작위적으로 잘려집니다. 카메라 시선은 포함할 것은 포함하고 배제할 것은 배제한, 선택된 가시 세계일뿐입니다. 현실의 가장 충실한 재현인 영화 언어는 이렇듯 처음부터 포함과 배제의 구획 원리를 전제하는 것입니다.

구획은 단지 프레임에만 한정되는 것이 아닙니다. 우리를 둘러싼 영상물이나 담론, 우리가 일상적으로 나누는 대화에는 언제나 구획이 작동합니다. 대학의 홍보 영상물을 제작하는 상황을 가정해봅시다. 여기서의 목적은 '홍보'입니다. 물론 거짓을 홍보해서는 안 됩니다. 이럴 때 우리가 할 수 있는 최선의 방식은 홍보에 부합하는 대학의 역사, 교수진, 교육 환경, 건물 등을 선택해 극적으로 나열하는 것입니다. 동시에 이것은 대학의 흑역사, 성추행 교수, 낙후된 시설 등의 배제를 동반합니다. 포함과 배제의 구획을 가장 극적으로 구성하는 것이 홍보 영상물의 관건인 것입니다. 한편, 우리는 매일매일 수많은 신문기사와 마주합니다. 우리는 신문기사가 전하는 정보가 완벽한 진실이라고 생각하지 않습니다. 동일한 사실도 구획에 따라 전혀 다른 효과를 발휘하기 때문입니다. 보다 일상적으로, 친구와의 수다에서 누군가를 욕할 때 목적에 부합하는 사실만 나열하고 위배되는 사실은 배제하는 우리 자신의 모습을 자주 발견하곤 합니다. 완벽하게 나쁜 사람은 없지만 포함과 배제를 경유하며 뒷담화의 대상은 절대 악이 됩니다. 마지막으로, 어쩌면 지금까지 우리가 논의하고 있는 내면의 외면화도 결국 포함과 배제의 문제인지도 모릅니다. 내면의 효과적 환기를 위한 감독의 방법론적 고민은 선택과 배제의 구획을 세심하게 결정하는 고민의 흔적이기 때문입니다.

이처럼 프레임은 관점에 부합하는 가시 세계를 포함하거나 그 범위를 한정하고, 반대로 무관하고 무의미한 것을 배제하는 원리, 즉 영화 언어의 본질을 응축하고 있습니다. 이런 의미에서 프레임은 '질서화'라는 인간 욕망의 은유이기도 합니다. 질서화라는 말이 생경할 수 있는데, 어렵게 생각할 필요 없습니다. 가령 〈명량〉(김한민, 2014)의 경우 '인간' 이순신을 배제함으로써 '영웅' 이순신의 면모가 질서 있게 부각됩니다. 〈공조〉의 경우, 실제 남북분단의 복잡다단한 이슈를 배제함으로써 남한 형사와 북한 군인의 우정이라는 세계관이 말끔하게 구성됩니다.

문제는 바로 그렇기 때문에 '부분'으로 '전체'를 성급하게 일반화할 위험이 항존할 수밖에 없다는 점입니다. 세상은 특정의 사각 틀 안에 질서화 될 수 있을 만큼 단순하거나 가지런하지 않습니다. 포함은 동시에 배제를 암시하며, 포함으로 구축된 질서는 동시에 배제된 무질서를 내포합니다. 물론 포함된 것과 배제된 것이 하등의 상관이 없다면 딱히 문제될 것은 없습니다. 하지만 질서화를 위해 포함되어서는 안 될 것이 포함되거나 배제되어서는 안 될 것이 배제된다면 위험이 초래됩니다.

그때의 질서는 기만적이며 비윤리적일 가능성이 높습니다. 이 지점에서 우리는 능동적 영화 감상을 위한 지침을 얻습니다. 영화의 능동적 수용을 위해서는 프레임 안에 들어 있는 것만큼이나 프레임 안에 들어오지 못한 영역에 대한 인식, 보이는 것만큼이나 보이지 않는 영역에 대한 응시, 말해지는 것만큼이나 말해지지 않는 것에 대한 사유가 필요한 것입니다.

3. 내화면과 외화면

우리는 영화의 최소 단위인 프레임의 본질을 통해 영화 언어의 핵심 전제를 확인했습니다. 이제 내면의 외면화 문제로 돌아와 프레임의 의미를 논의하고자 합니다. 프레임은 크게 두 범주로 나뉩니다. 내화면(on-screen)과 외화면(off-screen)이 그것입니다. 내화면이란 말 그대로 프레임 내부, 즉 포함의 영역입니다. 외화면은 말 그대로 프레임 외부, 즉 배제의 영역입니다. 보이지 않는 영역도 영화 언어일 수 있느냐는 질문이 가능합니다. 이미 눈치를 챘겠지만 내면의 외면화의 생산적 수단에는 보이는 영역뿐만 아니라 보이지 않는 영역도 포함됩니다. 포함과 배제의 구획이 딱딱한 영화의 경우 굳이 외화면까지 고려할 필요가 없을 것입니다. 하지만 이는 프레임을 절반만 사용하는 것에 불과합니다. 구획이 느슨하거나 심지어 구획 자체가 의미가 없는 경우 내화면만큼이나 외화면에, 아니 내화면보다 더 외화면에 주목해야 합니다. 특히 감수성이 뛰어난 영화 감독은 영화의 가능성을 내화면에만 한정하지 않고 외화면까지 확장시킵니다.

1) 내화면

내화면을 활용한 내면의 외면화에 대해 알아보도록 하겠습니다. 본격적인 설명에 앞서 지금부터 설명할 내용은 일반론에 불과하다는 것을 전제하고 싶습니다. 내화면은 그 자체로 상징적 의미를 가지고 있습니다. 그것은 가운데, 위, 아래, 가장자리로 나뉩니다. 각각의 위치에 따라 피사체의 의미는 달라집니다. 간단한 얘기입니다. 우선, 좌우 축을 기준으로 프레임 내부의 의미를 따져봅시다. TV예능프로그램 〈무한도전〉을 생각하면 이해하기 쉬울 것 같습니다. 이 프로그램에서 가장 중요한 역할을 수행하는 연기자는 단연코 유재석입니다. "무한~도전!"을 외칠 때 그의 자리는 언제나 중앙입니다. 나머지 멤버들의 중요도는 어떨까요? 이견의 여지가 있을 때 우리는 시각적 증거를 확인해야 합니다. 중앙의 유재석을 기준으로 좌우 축을 따라 유재석과 가까운 순서가 연기자의 중요도를 측정하는 척도일 것입니다. 굳이 〈무한도전〉의 사례가 아니라도 그런 의미화는 인간사의 오래된 관습입니다. 이런 계열을 따라 내화면의 중앙은 가장 중요한 요소가 배치되는 공간이자 시각적 분별의 기준이 되는 공간입니다. 반대로 중앙으로부터 멀어질수록 피사체의 중요도는 반감될 것입니다.

상하 축을 기준으로 한 내화면의 영역 역시 상징적 의미를 내포합니다. 이것은 피사체들의 서열을 환기하는 데 유용합니다. 공식 행사에서 서열이 높은 사람이 윗자리에 앉는 것은 당연합니다. 내화면의 윗부분은 힘, 권위, 포부, 열망과 같은 관념이 의미화됩니다. 이때 관객은 피사체를 우러러볼 수밖에 없는데, 윗부분의 피사체가 관객을 압도하는 느낌이 자연스럽게 환기됩니다. 반면에 아랫부분은 서열이 낮은 피사체가 배치됩니다. 관객 역시 이들 피사체를 내려 깔아봅니다. 복종, 허약성, 무력감과 같은 관념이 의미화될 것입니다.

마지막으로 프레임의 가장자리는 어떨까요? 중앙의 인물이 손짓으로 지시하면 모를까 우리의 시선이 가장자리를 향하는 경우는 희박합니다. 이 부분까지 세밀하게 신경을 쓰는 연출은 드물며 신경을 썼더라도 대개의 관객은 모르고 넘어갈 것입니다. 이런 이유로 가장자리에는 지나쳐도 상관없는 피사체가 배치됩니다.

반복하건데 내화면 영역에 대한 설명은 어디까지나 일반론에 불과합니다. 하지만 우리는 이러한 지식을 알아야 합니다. 이를 절대적으로 떠받들기 위해서가 아니라 생산적으로 파괴하기 위해서입니다. 이를 통해 영화 언어의 진화 가능성이 타진됩니다. 도식을 해체하거나 역으로 이용하여 미처 생각하지 못했던 의미를 입체적으로 환기하는 방법론적 고민이 중요합니다. 간단한 예를 들겠습니다. 영화의 지배적 논리상 가장 중요한 인물임에도 중앙으로부터 멀리 떨어져 있거나 아랫부분에 배치되는 경우라면 어떨까요? 이때 우리는 그 인물의 비루한 '현재'가 아니라 중앙과 윗부분으로 향할 희망찬 '미래'를 기대합니다. 반대로, 극의 전개상 그다지 중요하지 않는 인물이 중앙에 위치하는 경우는 어떨까요? 도리어 우리는 좌우의 구석이나 가장자리를 바라보며 숨겨진 단서를 추측합니다. 일반론을 비틀고 해체해 관객의 기대를 배신함으로써 생산적 극화를 도모하는 것입니다.

〈악마를 보았다〉(김지운, 2010)의 오프닝이 이런 경우에 속합니다. 사위스러운 눈이 내리는 으슥한 시외 도로에서 연쇄살인마 장경철(최민식)이 먹잇감을 물색하는 중입니다. 그의 눈에 고장이 난 차 한 대가 들어옵니다. 차 안에는 자신의 비극적인 운명을 모르는 여성이 약혼자와 통화중입니다. 그때 '악마' 장경철이 "차가 고장 났어요?"라면서 접근합니다. 차 안의 여성은 의심스러운 눈빛으로 보험회사 직원을 불렀으니 고맙지만 사양하겠다고 말합니다. 장경철은 차를 그대로 둔 채 시야에서 사라집니다. 여성은 장경철을 찾기 위해 헤드라이트로 장경철의 차량을 비춥니다. 여성의 시선을 따라 우리는 프레임의 중앙에 있는 장경철의 차량에 집중합니다. 바로 그때 장경철이 등장해 그녀의 멈춰선 차량을 공격합니다. 중요한 것은 장경철이 나타나는 위치입니다. 악마는 우리가 단 한 번도 시선을 주지 않았던, 그리하여 전혀 신경을 쓰지 않았던 프레임 우측 위의 가장자리에서 출몰합니다. 그것은 말 그대로 급작스럽습니다. 시선의 일반적 법칙과 관객의 무의식적 관찰을 정확히 물구나무 세움으로써 강력한 충격 효과가 발생하는 것입니다.

다시, 〈살인의 추억〉의 사례를 봅시다. 이것에 비하면 〈악마를 보았다〉의 역설적인 내화면은 전형적으로 보일 정도입니다. 효과적 설명을 위해 개인적인 경험을 말하고 싶습니다. 나는 〈살인의 추억〉을 극장에서 두 번, DVD로도 두 번 봤습니다. 몇 년이 지나 이 영화의 블루레이가 출시되었다는 소식을 접했습니다. 망설임 없이 결제했습니다. 스크린에서보다도 선명한 초고화질 버전과 마주한다는 생각에 들떴던 기억이 납니다. 택배가 도착했고 곧장 재생 버튼을 눌렀습니다. 그리고 지금 설명할 대목에서 나는 그만 소스라치게 놀라고 말았습니다.

우산을 들고 가족을 마중 나갔던 여성을 기억하실 겁니다. 지금을 위해 그때 설명하지 않았던 대목에 대해 알아보겠습니다. 그녀는 비가 쏟아지는 논두렁을 홀로 걷는 중입니다. 무서웠는지 노래를 부릅니다. 바로 그때, 그녀의 노래를 따라하는 휘파람 소리가 들립니다. 놀란 그녀는 휘파람의 출처를 찾기 위해 논의 좌우를 손전등으로 비춥니다. 관객의 시선은 손전등을 따라 비가 쏟아지는 논으로 향합니다. 프레임의 왼쪽을 비췄을 때 우리는 그녀만큼이나 절실하게 왼편 이곳저곳을 확인합니다. 프레임의 오른쪽을 비췄을 때도 마찬가지입니다. 하지

〈살인의 추억〉의 피사체 지형도, 내화면, 외화면 활용
(패스워드: amor)

만 휘파람의 출처는 확인되지 않습니다. 그때입니다. 오른편 논의 이곳저곳을 확인하고 있을 때, 손전등이 비추지 않는 왼편 가장자리에서 무엇인가가 얼핏 보이는 것이 아닙니까. 천천히 올라왔다 내려가는 그 어두운 형상은 무엇일까요? 범인입니다. 나는 이 장면을 극장에서도, DVD에서도 확인할 수 없었습니다. 블루레이의 초고화질을 찬양하는 게 아닙니다. 그것으로 이야기의 흐름이 바뀌는 것도, 새로운 해석이 가능한 것도 아닙니다. 봉준호 감독은 관객이 그 형상을 알아차리지 않아도 문제될 게 없다고 판단했을 겁니다. 그게 아니라면 시선을 오른편으로 유도해놓고 굳이 왼쪽 가장자리를 활용할 이유가 없기 때문입니다. 중요한 것은 내화면 영역 구석구석을 최대한 활용하려는 감독의 의지입니다. 그리고 이 역설적 장면화를 목

격한 관객이 느꼈을 충격입니다. 부끄럽지만 신나게 블루레이 버전을 보던 나는 대낮의 서재였음에도 그 형체를 목격하고서는 그만, 영화가 개봉한 지 10년이 지나서야 겨우, 의자를 뒤로 밀치며 비명을 질렀습니다.

2) 영토 공간

인간은 '영토적'입니다. 이 말은 동물과 크게 다를 바 없이 일정한 공간을 자기의 것으로 주장한다는 의미입니다. 혹은 누군가가 허락 없이 자신의 영역을 침입하면 적대적 행동을 취한다는 뜻입니다. 따라서 영토에는 인간의 다양한 사연이 각인됩니다. 인간에게 영토는 단순한 물리적 공간이 아니라 자신의 확장된 신체나 마찬가지이기 때문입니다. 지금 우리가 다루고 있는 내화면도 당연히 인간적 의미의 영토입니다. 내화면은 하나의 '영토 공간(Territorial Space)'인 것입니다. 그것은 내면을 외면화하는 생산적 수단입니다.

출근길 지하철을 떠올려 볼 수 있습니다. 일정한 공간에 너무 많은 사람이 빽빽하게 모여 있는 상황입니다. 사람들은 엄청난 스트레스를 받습니다. 지하철이 지옥철인 것입니다. 이를 내면의 외면화 맥락으로 치환해봅시다. '압박감'과 '혼란' 같은 정념을 환기하기 위해서는 내화면을 일정량 이상으로 빽빽하게 채우면 된다는 의미일 것입니다. 지하철의 경우 부정적이지만 이런 '꽉 찬' 내화면은 맥락에 따라 차별적 정서를 환기합니다. 가령 여성과 남성이 애틋한 표정으로 얼굴을 맞대고 있는 모습을 내화면에 가득 채워 찍는다면 그때의 정서는 농밀한 사랑일 것입니다. 한편, '자유'나 '해방' 같은 관념을 환기하고 싶다면 공백을 최대한 살려 내화면을 구성하면 될 것입니다. 하지만 이 경우에도 맥락에 따라 의미가 달라지는데, 이별 선고를 받은 남성이 대로변을 걷는 상황을 '느슨하게' 찍을 경우, 그때의 공백은 절망, 외로움, 쓸쓸함을 환기할 것입니다.

영토에는 인간 사회의 위계질서가 응축되어 있습니다. 권력이 강한 사람은 권력이 약한 사람보다 넓은 공간을 차지합니다. 한국 사회의 부동산 집착은 권력 상승욕의 단면입니다. 다시, 〈악마를 보았다〉로 되돌아가 봅시다. 악마 장경철은 상처를 치료하기 위해 시골의 작은 병원에 들어갑니다. 반말하는 의사를 살해한 후 간호사의 목숨까지 위협합니다. 이때 흥미로운 외면화가 등장합니다. 내화면을 좌우로 양분해 각각을 살펴보면 이미지의 성격이 확연히 구별됩니다. 내화면의 왼쪽은 그어떤 여백도 없이 간호사의 신체로 꽉 차있습니다. 반면 오른쪽에 위치한 장경철은 충분한 여백과 함께 느슨하게 배치됩니다. 간호사가 점하는 공간은 극히 제한적이고 사실상 장경철이 공간 전체를 장악한 상황입니다. 간호사와 장경철이 각각 차지하고 있는 영토의 뉘앙스가 위협적인 위계를 생산적으로 암시하고 있는 것입니다.

이창동 감독의 〈시〉(2010)를 봅시다. 어느 날 할머니 미자

〈악마를 보았다〉에서 영토 공간의 뉘앙스 　〈시〉에서 윤리적 위계로서의 영토 공간

(윤정희)는 자신의 손자(이다윗)가 집단 강간범이라는 사실을 알게 됩니다. 으레 할머니에게 손자는 무작정 사랑스러운 존재입니다. 미자라고 다르지 않습니다. 더구나 그녀에게는 소녀 같은 구석이 있습니다. 이런 상황에서 고개를 갸웃거리게 만드는 구성 하나가 끼어듭니다. 손자의 뒷모습을 미자가 응시합니다. 손자는 그것을 인지하지 못하고 TV를 보고 있습니다. 중요한 것은 이때의 내화면 구성입니다. 손자는 내화면 왼편 가장자리에 극단적으로 몰려 있습니다. 반면에 오른 쪽의 할머니는 느슨한 공백 안에 있습니다. 이것은 다소 의아합니다. 그때까지 영화가 지속시켰던 손자에 대한 할머니의 태도, 즉 손자 앞에서 어쩔 줄 몰라 하는 할머니의 모습과 상반된 연출이기 때문입니다. 충격적 사실을 알았을 때도 할머니는 딱히 손자를 질책하지 않습니다. 평소처럼 손자의 짜증도 다 받아줍니다. 그런데 이 장면에서 그러한 위계가 역전되어 있는 것입니다. 이후에도 몇 차례 반복되는 이 내화면의 비밀은 영화 말미에

가서 밝혀집니다. 할머니는 합의금을 마련합니다. 손자를 질책하는 대신 손자의 미래를 생각하는 듯 보입니다. 모든 상황이 정리되고 둘은 아파트 공터에서 배드민턴을 칩니다. 바로 그때입니다. 경찰차가 다가옵니다. 손자는 체포됩니다. 다른 학부형과 마찬가지로 가해의 흔적을 합의금으로 무마하는 듯 보였던 할머니가 놀랍게도 직접 손자를, 오직 자신의 손자만을, 경찰에 고발한 것입니다. 이로써 비밀이 풀립니다. 손자의 뒤통수를 바라보던 할머니의 시선과 그녀가 차지한 영토는 가해자를 향한 가열 차고도 냉엄한 윤리적 질책이었던 것입니다.

3) 외화면

감독이 원하는 것을 내화면에 체계적으로 보여주는 것이 '영화적' 외면화의 대표적 양상일 것입니다. 하지만 반대로 카메라에 노출시키지 않음으로써, 보여주지 않음으로써, 외화면을 활용함으로써 직접적으로 보여주는 것 이상의 효과를 얻을 수도 있습니다. 보이지 않는 것에 대한 자의식을 자극해 내면의 외면화를 도모하는, 영화 언어가 구현할 수 있는 가장 높은 경지의 방법론 중 하나가 외화면의 활용입니다.

외화면과 관련된 기본적 설명이 필요합니다. 외화면 영역은 크게 세 개로 나뉩니다. 첫째, 내화면에 있지만 세트나 피사체에 가려진 영역입니다. 둘째, 프레임 상하좌우로부터 벗어난 영역입니다. 셋째, 카메라 뒤의 영역입니다. 비가시 영역이기에 일반적으로 외화면은 어둠, 신비, 죽음 등의 관념을 환기하는 장소입니다. 이런 일반적 활용법은 공포 영화에서 쉽게 발견됩니다. 예를 들어, 문 뒤에서 이상한 소리가 들립니다. 영희가 용기를 내어 문 쪽으로 다가갑니다. 이때 카메라 시선은 영희의 시점과 일치합니다. 적막이 흐른 후 드디어 영희가 문을 엽니다. 다행스럽게도 거기에는 아무것도 없습니다. 안도의 한숨을 내쉬며 뒤로 돌아섰을 때 갑자기 귀신이 나타납니다. 귀신은 문 뒤에서 영희의 뒤로 순간 이동한 것입니다. 이것은 공포 영화의 전형적 극화 방식입니다. 이 사례에는 두 개의 외화면이 활용됩니다. 이상한 소리가 들렸던 문 뒤(=내화면 안의 외화면)와, 영희의 뒤(=카메라 뒤)가 그것입니다. 우리는 보이지 않는 것에 대한 막연한 공포를 느낍니다. 순차적으로 활용되는 두 개의 비가시 영역이 그런 인간의 본성을 자극하는 것입니다. 그렇다고 외화면이 공포만 환기하는 것은 아닙니다. 병에 걸린 한 여자가 신음을 하며 고통을 호소하고 있습니다. 이때 카메라는 벽을 넘어 이전까지 외화면으로 존재하던 옆집의 상황을 비춥니다. 우리 눈앞에 벽에 귀를 대고 자위를 하는 청년들이 보입니다. 〈복수는 나의 것〉(박찬욱, 2002)의 한 장면입니다. 외화면은 이처럼 아이러니한 비극을 환기할 수도 있습니다. 일련의 시각적 '공백'을 제공함으로써 관객의 상상력을 자극해 특정의 정서를 환기하는 것이 외화면의 대중적 용례입니다.

방금 사례가 일차원적이었다면 지금부터의 사례는 고차원적입니다. 공백을 제공해 관객의 상상력을 자극하는 수준을 넘어 보여주지 않음으로써 보여주는 것 이상의 효과를 발휘하는 것, 즉 '비가시적 가시화'의 가능성이 그것입니다. 다시금 〈살인의 추억〉의 논두렁 살인 장면을 떠올려 봅시다. 가장자리 영역의 역설적 활용을 설명하느라 미처 강조하지 않고 넘어간 대목이 있습니다. 휘파람 소리가 그것입니다. 그것으로 연쇄살인범으로 추정되는 누군가가 그녀를 미행하고 있다는 불안한 암시가 환기됩니다. 휘파람의 출처를 모르기 때문에, 그러니까 외화면에서 들려오기 때문에, 형언할 수 없는 살기와 함께 공포의 스펙터클이 구축됩니다. 이것의 극적 효과는 반대의 상황을 상상하면 쉽게 가늠됩니다. 논에 숨어 그녀의 노래를 따라 휘파람을 부는 범인의 얼굴과 입술을 내화면에 담았다면 어땠을까요? 공포의 스펙터클은 납작해졌을 것입니다. 영화가 친절해질수록 관객이 영화에 개입할 여지는 좁아집니다. 휘파람의 출처가 명확해지면 공포의 진폭은 줄어들 수밖에 없습니다.

한국의 관객에게 테오 앙겔로풀로스 감독의 〈율리시스의 시선〉(1995)은 낯선 영화일 것입니다. 칸영화제 심사위원상을 수상한 이 작품은 영화감독 A가 아직 현상되지 않는 발칸 최초의 영화를 찾아서 떠나는 여행을 모티브로 합니다. 중요한 것은 여행 과정에서 그의 눈앞에 펼쳐지는 현대 세계의 참담함입니다. 사회주의 체제가 무너지고 인종과 종파 사이의 살육이 되

〈율리시스의 시선〉의 외화면　활용과 재현의 윤리
(패스워드: amor)

풀이되던 1990년대 발칸 반도의 참혹한 풍경이 그의 발걸음 앞
에 펼쳐집니다. 괴물로 변한 현대 세계에 대한 응시와 그것의
성찰로서의 영혼의 문제가 이 영화의 메시지입니다. 주목해야
할 것은 현대 세계의 괴물성을 고발하는 학살 장면에서의 외화
면 활용입니다. 지난한 여행 끝에 A는 내전 중인 사라예보에서
그토록 찾아 헤맸던 최초의 필름을 발견합니다. 필름 소장자는
다행스럽게도 A에게 대단히 호의적입니다. 때마침 안개가 자
욱하게 낍니다. 안개가 꼈다는 것은 잠깐의 평화가 찾아왔다는
뜻입니다. A는 필름 소장자의 가족과 함께 산책을 하며 간만의
여유를 즐깁니다. 바로 그때 그들에게 불행이 닥칩니다. 적군
과 마주한 것입니다. 소장자의 가족은 그저 산책을 즐겼을 뿐
이라고 항변합니다. 하지만 적군은 "조물주가 만든 혼돈이오.

큰 혼돈이오!"라면서 그들 가족을 학살합니다. 뒤따르던 A는 걸음을 멈추고 그저 지켜볼 수밖에 없습니다. 자욱한 안개가 아니었다면 A 역시 목숨을 잃었을 겁니다.

　이것은 학살 장면입니다. 그런데 우리는 학살의 구체적 상황을 전혀 볼 수 없습니다. 적군과 마주한 가족을 지키기 위해 필름 소장자가 앞서 달려갔을 때 카메라는 A와 함께 제자리에 멈춥니다. A의 시선과 하나가 된 카메라는 A와 마찬가지로 비극을 그저 지켜볼 수밖에 없습니다. 주목해야 할 것은 이때 스크린을 통해서 우리가 볼 수 있는 게 전무하다는 점입니다. 자욱한 안개 때문입니다. 영화관은 오직 소리로만 가득합니다. 군용 트럭의 육중한 쇳소리, 총알을 장전하는 소리, 총이 발사되는 소리, 절규하는 소리, 확인 사살하는 소리, '풍덩'하며 강에 주검이 던져지는 소리 등으로 가득합니다. 정말이지 우리는 아무것도 볼 수 없습니다. 그럼에도 우리는 결코 스크린으로부터 눈을 돌리지 못합니다. 보이지 않는 영역에서 들려오는 소리가 우리의 귀뿐만 아니라 우리의 눈까지도 부여잡기 때문입니다. 각각의 소리들은 관객으로 하여금 안개 너머의 비극을 적극적으로 구성하게끔 만듭니다. 아무것도 보지 않았음에도 모든 것을 본 것 이상의 충격, 공포, 비극, 연민이 환기됩니다. 이렇게 말할 수밖에 없습니다. 외화면을 경유해 스크린은 관객의 눈앞에서 관객의 뇌로 이동하는 것입니다.

4) 재현의 윤리

앙겔로풀로스 감독이 비가시적인 것으로 가시화하려 했던 것은 결국 타인의 고통입니다. 이것은 근본적으로 다음과 같은 질문을 야기합니다. 카메라 시선으로 타인의 고통을 포착해도 될까요? 카메라에 포착되는 순간 학살 현장은 편안한 의자에서 '감상당하는' 구경거리로 추락하는 것이 아닐까요? 도대체 누가 카메라에게 그런 비윤리적 권능을 부여했을까요? 반대로 구경거리로의 추락을 막으면서 타인의 고통을 포착하는 것은 가능할까요? 가능하다면 그때의 카메라 시선은 어떠해야 할까요? 이런 질문은 결국 하나의 이슈로 수렴됩니다. '재현의 윤리'가 그것입니다. 이것은 영화의 세계관이 윤리적이어야 한다는 의미가 아닙니다. 윤리적 인물을 형상화한다는 의미 역시 아닙니다. 윤리적 인물이 윤리적 세계관을 주장하더라도 영화는 비윤리적일 수 있습니다. 〈귀향〉(조정래, 2015)은 민족주의적인 관점에서 일제의 만행을 고발합니다. 그것의 세계관은 윤리적입니다. 하지만 이를 위해 감독은 고통 받는 여성의 신체를 스크린에 전시합니다. 윤리적 고발을 위해서라면 말초적이고 자극적인 이미지를 활용해도 문제될 것이 없다는 듯 행동합니다. 그러는 사이 일제 만행의 피해자인 여성은, 비록 재현의 결과물일지라도, 다시 한 번 남성 중심적인 시선에 의해 구경거리로 착취당합니다. 〈귀향〉은 윤리적인 영화일까요? 이미 눈치챘겠지만 나는 그렇게 생각하지 않습니다. '재현의 윤리'가 희박하기 때문입니다. 비극을 보듬는다면서 비극을 우롱한 것입니다. 재현의 윤리는 무엇을 찍을 것인가가 아니라 어떻게 찍을 것인가의 문제, 즉 카메라 시선의 윤리입니다. 카메라 시선의 폭력성에 대한 경계이자 피사체를 대하는 카메라의 태도에 관한 문제인 것입니다.

카메라 시선에는 태생적으로 비윤리적인 측면이 있습니다. 카메라로 무엇을 찍는다는 것은 무엇과 관련된 사건에 개입하지 않고 그것으로부터 떨어져 관찰만 하겠다는 선언입니다. 객관적 거리 두기가 전제되는 것입니다. 그것이 합리적 진실의 가능성을 높인 것은 사실입니다. 하지만 카메라 앞의 상황이 누군가의 도움이 절박한 상황이라면 어떠할까요? 뷰파인더를 보고 있을 만큼 한가하지 않다면 어떠할까요? 우리는 도와야 할까요? 아니면 찍어야 할까요? 카메라에는 이렇듯 비윤리적 방관의 위험이 늘 도사리고 있는 것입니다.

스티븐 스필버그 감독의 〈라이언 일병 구하기〉(1998)의 경우를 살펴봅시다. 이 영화는 전쟁 상황을 내화면 안에 리얼하게 재현한 것으로 유명합니다. 특히 노르망디상륙작전의 재현은 흡사 우리가 전쟁터에 있는 것 같은 착시를 일으킬 정도입니다. 작렬하는 포탄, 사지가 잘려나간 병사, 자욱하게 회오리쳐 오르는 분진, 다양한 각도의 카메라 시선, 흔들리는 시점 등이 내화면을 입체적으로 채우면서 가상과 현실은 하나가 됩니다. 하지만 재현의 윤리 측면에서 이 영화를 옹호할 수 없습니다. 다시, 이 영화를 볼 때 우리는 흡사 전쟁터에 있는 것 같은 실감을 체득합니다. 그런데 이때의 '실감'이란 무엇일까요? 가상과 현실이 하나가 되었다는 것의 의미는 무엇일까요? 엄밀하게 말해 우리가 체득한 것은 전쟁터가 아니라 다양한 영화 언어를 통해 재현된 '엔터테인먼트 물질'에 불과합니다. 실제 그 작전에서의 체험과 재현된 결과물을 통한 체험은 동일하지 않습니다. 전쟁터에서와 같은 생사의 갈림길에 서는 일은 영화관에서 결코 발생하지 않습니다. 물론 영화는 오락물입니다. 즐기면 그만일 수 있습니다. 그래서 재현의 윤리를 운운하는 지금의 접근이 지나치게 결연해 보일 수 있습니다. 설령 그렇다 할지라도 다음의 사실은 변하지 않습니다. 이 영화를 볼 때 우리가 느끼는 실감, 전쟁터 같은 착시는, 위선이자 기만입니다. 노르망디상륙작전이 현재의 우리와 크게 상관없는 오래된 역사라서 와 닿지 않는 것일 수도 있습니다. 세월호 비극의 경우라면 어떨까요? 우리는 유가족의 오열하는 모습을 차마 눈 뜨고 볼 수 없습니다. 그것은 감히 카메라 따위로 포착되어서는 안 됩니다. 만약 누군가가 그것을 찍었고 다른 누군가가 그것을 보고는 다음과 같이 말했다고 가정해봅시다. "TV 속 유가족의 오열을 보니 그들의 고통이 체감되며 흡사 내가 유가족이 된 것 같았어." 최소한의 윤리적 감각을 가진 사람이라면 좌시할 수 없는 발언입니다. 브라운관의 이미지 몇 개를 본 것으로 자식을 잃은 부모의 마음을 감히 '안다'라고 단언하는 행위가 위선이자 기만이 아니면 무엇이란 말입니까. 그것은 위로를 가장한 폭력입니다.

고통에 처한 타인의 내면, 그 형언할 수 없는 트라우마는 결코 재현'할' 수도 재현'될' 수도 없습니다. 내화면을 입체적으로 꾸미지만 〈라이언 일병 구하기〉가 실행한 작업은 그저 재현할 수 있는 것의 재현일 뿐입니다. 혹은 가시화될 수 없는 트라우마가 제거된 상태에서의 재현, 재현 불가능한 것이 말끔하게 제거한 상태에서의 재현에 불과합니다. 우리의 '실감'이 가능한 것은 그것이 껍데기의 재현일 뿐이기 때문입니다. 흡사 전쟁터에 온 것 같다며 놀란 눈을 하지만 결국에는 안전하고 편안한 의자에 앉아 죽음의 풍경을 구경한 것에 지나지 않습니다. 만약 영화관이 진짜 전쟁터라면 어떨까요? 우리는 이미 이 세상 사람이 아니거나 전장(戰場)의 트라우마로 〈라이언 일병 구하기〉 같은 영화와 차마 마주하지 못했을 것입니다. 전쟁터는 감히 실감될 수 없습니다.

카메라 시선이 태생적으로 비윤리적이라면, 타인의 고통을 재현하는 감독은 딜레마에 처할 수밖에 없습니다. 〈라이언 일병 구하기〉에서 빠져 있는 것은 이 딜레마에 대한 고민입니다. 그렇다면 영화는 타인의 고통을 아예 다뤄서는 안 될까요? 당연히 그럴 리 없습니다. 고통은 예술의 오래된 과제입니다. 누군가의 고통에 공감하려는 의지야말로 예술이 이 땅에 존재하는 이유 중 하나입니다. 영화가 예술이라면 감독 역시 이 딜레마와의 정면 대결을 피할 수 없습니다. 재현할 수 없고 재현되어서도 안 되는 것을 그러나 어떻게든 재현하는 것. 재현의 윤리란 바로 이 난제와 마주한 수많은 감독들의 치열한 고민의 흔적일 것입니다. 그리고 바로 그 고민의 결과물 중 하나가 지금 우리가 다루고 있는 외화면의 활용입니다.

다시 〈율리시스의 시선〉으로 돌아가 봅시다. 어떻게 보면 〈율리시스의 시선〉은 〈라이언 일병 구하기〉와 동일한 국면에 처했는지도 모릅니다. 마찬가지로 전쟁과 학살을 다루기 때문입니다. 하지만 국면을 타개하는 방법론은 완전히 다릅니다. 〈율리시스의 시선〉의 내화면에는 작렬하는 포탄도, 사지가 잘린 병사도, 부유하는 분진도 없습니다. 확인했다시피 안개만 자욱할 뿐입니다. 앙겔로풀로스 감독은 카메라 시선에 비윤리적 권능을 부여해서는 안 된다고 생각한 것 같습니다. 그러면서도 카메라 시선으로 타인의 고통을 포착해야 합니다. 딜레마를 극복하기 위해 감독은 안개를 활용합니다. 아니, 타인의 고통과 카메라 사이에 안개라는 윤리적 방어막을 설정합니다. 우리는 방어막 너머를 귀로 들을 뿐 눈으로 보지 못합니다. 애초에 구경거리로 전락될 풍경 자체가 없습니다. 그럼에도 스크린에서 감히 눈을 떼지 못합니다. 거기서 관객은 다른 것을 보고 있습니다. 관객 각자의 스크린이 공백뿐인 눈앞의 스크린을 채우기 때문입니다. 이것은 '실감'과는 차원이 다른 영역입니다. 이때 타인의 고통은 여전히 불투명성 안에 놓입니다. 우리는 그것에 반응하지만 그것을 가늠하지 못합니다. '안다'라고 단언하는 게 아니라 '알기 위해' 응시합니다. 고통의 수준을 끝끝내 가늠하지 못하더라도 사력을 다해 그 불투명한 풍경에 다가가려는 윤리적 의지가 마련됩니다. 이것이 바로 외화면을 활용한 '재현의 윤리'이자 '비가시적 가시화'인 것입니다.

재현의 윤리는 한국 영화에서도 발견됩니다. 앞서 언급한 〈밀양〉에서 이신애의 무미건조한 표정이 대표적입니다. 원칙적으로 그것은 외화면이 아닙니다. 이신애의 표정은 내화면에 있기 때문입니다. 하지만 그것은 표정이 없는 표정, 텅 빈 표정입니다. 고통에 처한 이신애의 표정은 마치 자욱한 안개 같은 무미건조한 얼굴 뒤에 가려져 있습니다. 그리하여 우리는 내화면의 표정 너머를 지속적으로 응시합니다. 가려져 있으니 그것에 대해 명확하게 말하는 것은 불가능합니다. 그렇다고 방관할 수도 없습니다. 그녀의 고통을 이해할 수 없다는 것을 잘 압니다. 그럼에도 텅 빈 표정에 가려진 고통의 속살에 가닿기 위해 영화가 끝날 때까지 사력을 다할 수밖에 없습니다.

한편 〈복수는 나의 것〉 역시 타인의 고통을 카메라로 찍을 때의 딜레마와 마주합니다. 〈밀양〉과 마찬가지로 이 영화의 핵심 모티브는 유괴입니다. 자식을 부조리하게 잃은 부모는 치유하기 어려운 상처에 직면합니다. 역시나 그 상처는 언어화될 수도, 설명될 수도, 정리될 수도 없습니다. 여기, 익사한 어린 딸과 마주한 동진(송강호)이 있습니다. 그는 오열합니다. 이때

〈복수는 나의 것〉에서 타인의 고통과 재현의 윤리
(패스워드: amor)

최소한의 정보만 전달한 후 박찬욱 감독은 동진을 중심에 둔 시선을 거두고 범죄 현장 전체를 조망합니다. 우리는 거기서 오열하는 동진을 좀처럼 찾을 수 없습니다. 인파에 가려져 있기 때문입니다. 오열하는 누군가를 바라볼 비윤리적 자격 자체가 제공되지 않는 것입니다. 이후 동진과 형사의 대화가 이어집니다. 이 대목에서 우리는 형사만 볼 수 있습니다. 이렇게 말할 수밖에 없습니다. 이때도 동진은 보이지 않고 들립니다. 〈율리시즈의 시선〉과 마찬가지로 사건의 정황을 형사 앞에서 설명하는 동진의 갈라진 음성, 목소리의 미세한 떨림, 더듬거리는 말투, 힘 빠진 목소리 톤은 감히 가시화될 수 없는 타인의 고통을 탁월하게 재현합니다. 만약 이것을 전형적 영화 언어로 형상화했다면 어땠을까요? 내화면에 클로즈업된 동진의 오열하는 얼굴이 보일 것입니다. 때마침 비가 내리고 비장한 음악

115

이 흐를 것입니다. 형사 앞에서 그간의 사정을 설명하는 동진의 애처로운 표정이 지속적으로 전시될 것입니다. 상황이 이러했다면 〈복수는 나의 것〉은 현재처럼 평가받지 못했을 것입니다. 이런 태도는 자식을 잃어버린 부모의 심정이 표현될 수 있고, 재현될 수 있으며, 이해될 수 있다는 사실을 전제합니다. 관객을 친절하게 배려한다는 미명 하에 타인의 고통을 착취하는 태도인 것입니다.

4. 렌즈와 앵글

영화의 구성단위를 기준으로 설명하다 보니 프레임을 먼저 설명했지만, 사실 영화를 찍는 물리적인 과정에서 렌즈(Lens)와 앵글(Angle)은 프레임보다 선행합니다. 피사체가 카메라를 경유해 화면에 담길 때 제일 먼저 통과하는 관문이 렌즈와 앵글이기 때문입니다. 프레임은 무슨 렌즈를 사용해 어떤 각도로 찍느냐의 결과물이자 효과입니다. 렌즈는 망원렌즈(Telephoto lens), 표준렌즈(Normal lens), 광각렌즈(Wide-angle lens)로 나뉩니다. 앵글은 하이앵글(High angle, 부감俯瞰), 아이레벨(Eye level, 수평각水平角), 로우앵글(Low angle, 앙각仰角)로 나뉩니다. 여기서는 표준렌즈와 아이레벨에 대한 설명은 생략합니다. 표준렌즈에서의 '표준'과 아이레벨에서의 '아이'는 인간의 시선을 있는 그대로 매개한다는 뜻입니다. 그래서 가장 빈번하게 사용됩니다. 하지만 내면의 외면화 맥락에서 크게 강조할 영역이 딱히 없습니다. 지금부터 망원렌즈와 광각렌즈, 하이앵글과 로우앵글의 영화 언어로서의 입지와 가능성에 대해 알아보겠습니다.

1) 렌즈
(1) 망원렌즈

망원렌즈란 멀리 있는 영역을 당겨서 볼 수 있게끔 만드는 광학 도구입니다. 애초에 망원렌즈는 전쟁터의 적진, 달(月), 악어나 사자와 같은 위험한 대상 등 다가가서 찍을 수 없는 대상을 찍기 위해 개발되었습니다. 이런 실용적 기능은 내면의 외면화의 맥락에서 딱히 효과를 발휘하지 못합니다. 전쟁 영화에서 병사의 망원경 시점을 실감나게 전달할 때 간혹 사용되기는 하지만 이는 전쟁의 리얼리티를 위한 기계적 활용에 불과합니다. 영화감독의 방법론이 향하는 것은 오히려 그것의 부차적인 효과입니다. 평면화, 초점면, 초점 이동이 그것입니다.

망원렌즈는 공간을 압축하는 효과가 있습니다. 동일한 10미터도 눈앞의 10미터와 100미터 떨어진 곳의 10미터는 확연히 다릅니다. 100미터 떨어진 공간의 10미터는 대략 1미터 정도로 보일 것입니다. 망원렌즈는 100미터 떨어진 공간을 우리 눈앞 뷰파인더에 있는 그대로 당겨서 옮겨놓습니다. 10미터가 1미터로 축소된 듯한 착시가 필름에 각인되며 공간의 거리는 압축됩니다. 이때, 100미터 떨어진 인물이 카메라를 향해 10미터를 다가왔다면 우리의 눈에는 겨우 1미터를 다가온 것처럼 보입니다. 열심히 걷지만 제자리걸음처럼 보이는 것입니다. 이것이 망원렌즈의 평면화 효과입니다.

평면화는 유용한 영화 언어입니다. 세계 영화사의 고전 〈졸업〉(마이크 니콜스, 1967)을 봅시다. 수많은 영화나 TV드라마에서 여러분은 결혼 서약 직전에 어느 사내가 결혼식장에 나타나 신부를 데리고 도망치는 낭만적인 사랑의 풍경을 자주 목격했을 겁니다. 억압적인 규범과 엇갈린 운명을 뚫고 오직 사랑의 감정으로 충만한 젊은 날의 열정을 환기하는 이러한 극적 연출의 기원이 바로 〈졸업〉입니다. 벤자민(더스틴 호프만)은 엘레인(캐서린 로스)을 사랑합니다. 엘레인 역시 벤자민을 사랑합니다. 하지만 엘레인의 집안에서 둘의 사랑을 허락하지 않습니다. 오늘, 엘레인이 다른 남자와 결혼을 합니다. 소식을 들은 벤자민은 그녀의 결혼식장으로 급박하게 달려갑니다. 이미 많이 늦었습니다. 최소한 혼인 서약 전에는 도착해야 합니다. 눈앞에 결혼식장이 보입니다. 화장실 도착 직전이 가장 고통스럽듯이 결혼식장 직전에서 벤자민의 마음도 가장 급박했을 것입니다. 그는 사력을 다해 달려옵니다. 시쳇말로 똥줄이 탑니다. 바로 그때 마이크 니콜스 감독은 빨리 도착하길 갈망하는 벤자민의 내면과는 정반대의 외면화를 연출합니다. 그를 망원렌즈의 평면화 효과로 포착하는 것입니다. 그는 아주 급하지만

<〈졸업〉에서 평면화 효과와 급박한 내면(패스워드: amor)

카메라에 포착된 그는 마치 러닝머신 위를 걷는 것 같습니다. 이것은 귀신이 뒤에서 쫓아오는데 헛발질만 하는 악몽과 흡사합니다. 이것으로 우리는 벤자민의 급박한 내면을 시각적으로 공유하게 됩니다.

한편, 망원렌즈의 초점면은 아주 얕습니다. 초점면이 얕다는 것은 심도(depth of field)가 얕다는 뜻이기도 합니다. 실용적 목적에서 얕은 초점면은 광학적 한계입니다. 초점면이란 렌즈로 피사체를 찍을 때 선명한 영상이 모이는 지점을 일컫습니다. 초점면과 필름의 위치가 일치할 때 우리는 선명한 이미지를 얻습니다. 초점면이 얕다는 것은 실제 어떤 상황일까요? 초점을 맞추는 데 시간이 걸릴 뿐만 아니라 초점이 맞더라도 뭉개진 주변 영역이 항존한다는 뜻입니다. 만약 전쟁터라면 이는 상당히 불리한 조건입니다. 급박한 와중에 시간을 낭

비해야 하고 적군의 동향 전체를 뚜렷하게 체크할 수 없기 때문입니다.

영화감독들은 이러한 광학적 한계에서 미학적 가능성을 발견합니다. 초점면이 얇다는 것은 포커싱(focusing: 초점을 맞추다) 영역과 아웃포커싱(out-focusing: 초점면에서 벗어나다) 영역의 확연한 구분을 의미합니다. 이것을 '포커싱-아웃포커싱 효과'라고 부릅니다. 이를 통해 감독은 관객이 봤으면 하는 영역과 그렇지 않은 영역을 '구분'하기 용이해집니다. 피사체가 전경에 있다면 집중에 방해가 되는 중경, 후경이 자연스럽게 배제될 것입니다. 그런데 단지 구분의 기능만 존재하는 것이 아닙니다. 중요한 것은 이로써 특정 대상을 내화면의 중심 대상으로 부각한다는 점입니다. 망원렌즈의 이러한 기능을 우리는 '중심화'라고 부릅니다. 관객은 온 신경을 중심화된 대상에 쏟음으로써 사소한 뉘앙스에도 반응하게 될 것입니다. 더불어 아웃포커싱 영역은 단순히 배제되는 게 아니라 이른바 '뽀샤시' 효과로 중심화된 영역을 보조할 수도 있습니다. 중심화된 대상이 미적 대상이 되는 것입니다. 요컨대 특정 대상의 위상과 미적 지위를 자연스럽게 환기하는 데 망원렌즈는 유용합니다.

신부의 아름다움을 부각하기 위해 그녀의 얼굴을 포커싱하고 이외의 영역을 몽롱한 빛으로 채우는 식의 웨딩 촬영과 같이, 우리는 '포커싱-아웃포커싱 효과'를 굳이 이 자리에서 열거

할 필요가 없을 정도로 숱하게 목격합니다. 조심해야 할 것은 이러한 중심화가 자칫 독재적이고 반민주적인 시선이 될 수 있다는 점입니다. 가령, 국가의 위기 상황을 제대로 대처하지 못해 일을 키운 무능력한 대통령이 있다고 가정합시다. 대통령을 향한 국민의 반감이 폭발하는 것은 당연합니다. 그때 대통령이 민심을 달래기 위해 위기에 희생된 국민을 조문하러 갑니다. 만약 누군가가 조문하는 대통령만 '포커싱'하고 나머지를 '아웃포커싱'했다면 어떤 상황이 벌어질까요? 물론 이것의 정치적 의도는 단순합니다. 대통령의 '비장한 위로'와 같은 관념을 스며들게 만들어 등 돌린 여론을 복원하는 것입니다. 하지만 이것은 반민주적이면서도 폭력적인 시선입니다. 대통령을 주인공으로 만들기 위해 제대로 대처했다면 희생되지 않았을 국민을 한 번 더 소외시키는 상황, 그러니까 위로하는 척하며 배제하는 시선이기 때문입니다. 이러한 이미지의 위험성을 독일의 철학자 발터 벤야민은 '정치의 예술화'라 부르며 경고했습니다. 국가 위기에는 무능력하지만 자신의 이미지 쌓기에는 유능한 대통령은, 최소한의 민주적 절차가 운용되는 사회라면, 탄핵당해 마땅할 것입니다. 이처럼 영화 언어는 자칫 잘못하면 상당히 위험합니다.

한편, 초점거리가 조정되면서 망원렌즈의 초점면은 수시로 이동합니다. 초점면의 이동은 특별한 상황이나 분위기를 환기하는 데 유용합니다. 이를 흔히 '초점면의 이동', '선택적 초점',

예술의 정치화와 정치의 예술화

발터 벤야민이 남긴 글 가운데 특히 「기술복제 시대의 예술작품」은 대중문화와 관련하여 많은 것을 시사합니다. 이 글의 핵심 개념은 '특유의 분위기'라는 의미의 '아우라(aura)'입니다. 아우라는 전통적 예술작품의 본질입니다. 전근대 시기 예술작품의 최종적인 목적은 신비적 체험이나 신과의 일체감이었습니다. 벤야민은 전통예술의 이러한 초월적이고 주술적인 성격을 아우라라고 명명합니다. 이때 유심히 봐야할 것은 예술이 아우라를 가질 수 있었던 조건입니다. 벤야민은 그것을 예술작품의 유일무이성에서 찾습니다. 그때의 예술작품은 복제가 불가능합니다. 유일무이의 오리지널리티가 범접할 수 없는 아우라를 발산했다는 것입니다. 그러나 예술의 아우라는 광학기술의 발달과 함께 존폐의 기로에 섭니다. 대량복제가 가능해지면서 이제 진품, 일회성, 오리지널리티 자체가 무의미해집니다. 유일무이성이 발산하던 신비감이 사라지면서 작품의 아우라도 소실되는 것입니다.

이로써 예술을 대하는 대중의 태도가 격변합니다. 하늘에 있던 예술은 땅으로 내려옵니다. 주술적, 신비적 기능은 상품적, 전시적 기능으로 전환됩니다. 더 이상 대중은 예술의 아우라에 주눅이 들지 않습니다. 이제 예술은 감히 범접할 수 없는 대상에서 일정한 거리를 두고 의심, 재고, 비판할 수 있는 대상이 됩니다. 누구나 자신의 취향에 따라 예술을 논할 수 있습니다. 예술은 추상적이고 모호한 '정신적' 대상이 아니라 지금 우리가 발딛고 선 삶과 긴밀하게 연결된 '일상적' 대상이 된 것입니다. 이러한 변화를 발터 벤야민은 '예술의 정치화'라고 부릅니다.

문제는 기술복제 시대에 거꾸로 예술작품의 아우라를 정치적으로 악용하는 세력이 존재한다는 사실입니다. 이들에게 예술은 여전히 현실의 정치적 이슈나 사회 문제와는 무관한 정신적이고 신비로운 가치입니다. 예술의 아우라를 복원시켜 정치적 무능력과 사회적 모순을 봉합하기 위해 적극 활용합니다. 예술적 수단을 동원해 자신들의 정치 행위를 신비화하고 미화하는 것입니다. 발터 벤야민은 이를 '정치의 예술화'라 명명합니다. 그는 거기서 전체주의의 그림자를 읽어냅니다. 나치즘 말입니다.

'이동 초점'이라 부릅니다. 이동 초점의 수많은 기능 중 내면의 외면화에서 음미할 만한 것은 '심리적 입체감'의 생성입니다. 효과적인 설명을 위해 동일한 상황에 대한 차별적인 형상화를 비교하면 좋을 것 같습니다. A와 B가 대화를 나눕니다. A가 말할 때 카메라 시선은 A를 향합니다. B가 말할 때는 B를 향합니다. 이를 이어 붙였다고 가정해봅시다. 둘 사이에는 컷이 전제됩니다. 이것이 상황①입니다. 그런데 이들의 대화를 이동 초점을 활용해 컷 없이 하나의 쇼트로 구성했다고 생각해봅시다. A가 말할 때 초점은 A로 이동하고 B가 말할 때 초점은 B로 이동합니다. 혹은 A가 말할 때 초점은 B에 있다 B가 말할 때 A로 이동해도 상관없습니다. 둘의 대화를 매개하는 것은 컷이 아니라 이동 초점입니다. 이것이 상황②입니다. 그렇다면 상황①과 상황②는 어떤 차이가 있을까요? 상황①에서 우리가 주목하는 것은 둘이 나누고 있는 대화의 내용입니다. 상황②는 다릅니다. 물론 대화 내용도 귀에 들어옵니다. 하지만 우리는 두 인물이 무엇인가를 숨기고 있다는 느낌을 받습니다. 그것이 아니라면 최소한 대화의 이면을 추측합니다. 컷 변화보다 이동 초점이 훨씬 더 미묘한 감정선을 생성하기 때문입니다. 컷 변화가 기계적이고 사무적이라면 이동 초점은 심리의 이동까지 외면화하는 것입니다.

할아버지와 소의 초월적인 우정을 다룬 다큐멘터리 영화 〈워낭소리〉(이충렬, 2008)를 기억하실 겁니다. '우정'이라는 관념을 위해 이충렬 감독은 이동 초점을 적극 활용합니다. 가령, 논을 쟁기로 갈 때 소는 할아버지를 돕습니다. 그러나 모내기를 할 때 할아버지를 위해 소가 할 수 있는 일은 없습니다. 바로 그때 논두렁에 선 소가 고개를 돌리고, 소에게 맞춰져 있던 초점이 모내기를 하다 잠시 허리를 든 할아버지의 얼굴로 이동합니다. 이 외면화는 다분히 작위적입니다. 자세히 보면 소는 그저 동물적 반응으로 고개를 돌렸을 뿐이고 이전부터 할아버지는 허리를 들고 심호흡을 가다듬던 중이었습니다. 둘 사이에 이동 초점이 개입되면서 할아버지를 돕지 못하는 소의 미안한 마음이 생성되는 것입니다. 한편, 할아버지와 마찬가지로 할머니 역시 모내기 중입니다. 그러나 할머니에게로는 초점이 향하지 않습니다. 할머니의 위치는 아웃포커싱 영역입니다. 이로써 할아버지와 소의 심리적 연대가 자연스럽게 환기됩니다. 이충렬 감독은 할아버지와 소의 심리적 일체감, 즉 우정을 외면화하기 위해 작위적일지라도 이동 초점을 적극 활용하는 것입니다.

이동 초점이 성공적으로 활용된 예로 〈외출〉(허진호, 2005)을 꼽을 수 있습니다. 주인공 인수(배용준)와 서영(손예진)은 기묘한 관계로 얽힙니다. 인수는 아내의 교통사고 소식을 듣고 급하게 강원도 삼척의 병원으로 향합니다. 그곳에서 교통사고를 당한 남편을 간호하는 서영을 만납니다. 인수의 아내와 서영의 남편은 의식불명 상태입니다. 사고를 처리하는 과정에서 충격적 사실을 알게 됩니다. 인수의 아내와 서영의 남편이 불륜관계였고 밀회를 즐기던 중 사고를 당한 것입니다. 당황스러운 사연은 여기서 멈추지 않습니다. 각자의 배우자를 간호하기 위해 동일한 모텔에서 지내며 자주 마주치던 인수와 서영이 그만 사랑에 빠진 것입니다. 둘은 서로를 사랑합니다. 하지만 그것을 밖으로 끄집어낼 수 없습니다. 이런 기묘한 상황을 어떻게 외면화할 수 있을까요? 허진호 감독이 난제를 해결하기 위해 선택한 방법은 이동 초점입니다. 인수와 서영이 바닷가를 걷습니다. 앞서 알아본 '접근 양식'을 참고할 때 둘 사이의 거리는 '사회적 거리' 정도입니다. 그들로부터 멀리 떨어진 곳에서 망원렌즈가 끼워진 카메라에 포착된 이미지는 다음과 같습니다. 우선, 그들 뒤로 낭만적으로 뭉개진 파도가 오갑니다. 이때 좋아하는 계절을 묻는 식의 대화는 무의미합니다. 서영이 말할 때 초점은 서영의 얼굴을 향합니다. 인수가 말하자 초점은 인수를 향합니다. 반복적으로 이런 과정이 아스라이 이어집니다. 그때 우리의 느낌은 그들의 대화와 전혀 상관없습니다. 이 장면이 외면화하는 것은 그들의 충격적이고, 당황스럽고, 기묘한 관계입니다. 자신들을 고통 속으로 빠트린 배우자의 행동을 정작 자신들이 반복하고 있는 역설적 상황 앞에서 조심스럽고 민망하지만 그럼에

〈외출〉의 이동 초점과 심리의 입체화
(패스워드: amor)

125

도 사랑을 거부할 수 없는 입체적 심리가 이동하는 초점을 따라 아로새겨지는 것입니다.

(2) 광각렌즈

광각렌즈는 표준렌즈나 망원렌즈에 비해 훨씬 넓고 깊은 시야를 화면에 담습니다. 여기서 '넓다'는 것은 표준보다 좌우상하의 너비가 넓은 이미지가 포착된다는 의미입니다. '깊다'는 것은 초점의 범위가 전경, 중경, 후경 모두를 아우른다는 뜻입니다. 광각렌즈는 피사체를 넓은 범위와 깊은 심도로 포착하면서 공간의 입체감을 배가시킵니다. 한편, 광각렌즈는 망원렌즈와 마찬가지로 기술적 한계를 지닙니다. 이미지가 왜곡되기 때문입니다. 가까이 있는 대상은 실제보다 커지고 멀리 있는 대상은 실제보다 작아집니다. 더불어 초점거리가 짧아지거나 가장자리를 향할수록 굴절이 심해집니다. 이런 왜곡을 '배럴효과(Berreling)'라 부릅니다. 망원렌즈의 경우와 마찬가지로 영화감독은 광각렌즈의 이런 결함을 미적 방법론으로 전환합니다.

광각렌즈는 망원렌즈와는 정반대의 효과를 발휘합니다. 모든 영역이 선명하기에 피사체들 사이의 시각적 구분이 사라집니다. 이것을 '탈중심화'라고 부릅니다. 탈중심화는 내면의 외면화의 맥락에서 유의미한 역할을 수행합니다. 광각렌즈의 이런 특징을 카메라 시선의 미학으로 승화시킨 세계 최초의 영화는 오손 웰즈 감독의 〈시민 케인〉(1941)입니다. 알다시피 주인공 케인(버디 스완)은 언론 재벌입니다. 영화의 방점은 케인의 몰락과 씁쓸한 최후에 있습니다. 하지만 시종일관 광각렌즈를 활용하기에 주인공 케인만이 미적 대상으로 돋보이거나 강조되는 경우는 드뭅니다. 그는 전경, 중경, 후경에 펼쳐진 '탈중심화' 영역, 즉 '민주적' 공간의 일부로 놓여 있을 뿐입니다. 〈시민 케인〉은 흔한 영웅담이 아닙니다. 이 영화에서 활용되는 광각렌즈는 인물의 역사를 객관적으로, 때로는 싸늘하게 포착하겠다는 미적 의지입니다.

특히 전경, 중경, 후경의 차별적인 뉘앙스야말로 광각렌즈를 활용한 대표적인 영화미학입니다. 〈시민 케인〉이 개봉하던 시기에도 대개의 영화는 쇼트를 쪼개서 의미를 구성했습니다. 반면에 〈시민 케인〉은 쇼트의 분할을 극도로 자제합니다. 롱테이크의 향연인 것입니다. 3개의 상황을 3개의 쇼트로 이어붙이는 대신 하나의 쇼트에 3개의 상황을 전경, 중경, 후경에 각각 배치하여 의미를 구성합니다. 전경과 중경에 수많은 사람들이 있습니다. 후경의 소실점에 케인이 배치됩니다. 전경과 중경의 사람들은 환하게 웃고 있는 반면 소실점의 케인은 우두커니 서 있을 뿐입니다. 케인은 자신의 내면을 설명하지 않습니다. 그가 서 있는 자리, 즉 전경과 중경으로부터 소외된 후경이 곧 케인의 공허한 내면인 것입니다. 반대의 상황도 있습니다. 이번에는 케인이 전경에 서 있습니다. 그는 충격에 빠진 표정입니다. 이때 중경과 후경의 사람들이 케인의 뒷모습을 바라보며

서 있습니다. 그들은 케인의 대저택에서 일하는 하인들입니다. 하인들의 표정에 주목해야 합니다. 광각렌즈의 넓은 심도 덕분에 선명하게 확인되는 그들의 표정에 하나같이 동정과 근심이 서려 있습니다. 망원렌즈였다면 불가능했을 관계의 역전이 발생합니다. 고용주가 피고용인을 동정하는 것이 아니라 피고용인이 고용주를 동정하는 상황입니다. 케인 입장에서 이것은 상대적 박탈감 이상으로 서글픈 상황입니다. 하인들에게조차 동정을 받는 것이 전경에 놓인 케인의 쓸쓸한 위상인 것입니다.

광각렌즈는 가까이 있는 대상은 실제보다 더 크게, 멀리 있는 대상은 실제보다 더 작게 왜곡한다고 했습니다. 이런 광학적 결함은 오히려 미적으로 유효합니다. 광각렌즈를 통과하면서 망원렌즈의 평면화와는 정반대로 '거리감'이 확대됩니다. 2미터의 거리가 10미터 정도로 보이는 것입니다. 이것을 '입체화'라고 부릅니다. 광각렌즈의 입체화를 활용함으로써 우리는 카메라 앞의 상황을 보다 현장감 있게 포착할 수 있습니다. 특히 이때의 입체화는 속도감으로 치환됩니다. 가까이 있는 것은 실제보다 더 크게, 멀리 있는 것은 실제보다 더 작게 보이다 보니 심도를 이동하는 피사체의 변동 폭이 우리의 일상감각을 초월하기 때문입니다. 카메라 쪽으로 2미터를 다가온 인물의 크기가 갑자기 커지면서 10미터를 순간 이동한 것 같은 착시가 발생합니다. 이러한 착시를 우리는 '카 체이스(car chase)' 장면에서 수없이 목격했습니다. 촬영 현장의 자동차 속도는 광각렌즈를 통과하는 순간 배가되며 실감나는 질주가 생성됩니다.

한국의 영화감독 중 광각렌즈를 가장 잘 활용하는 감독은 박찬욱일 것입니다. 〈복수는 나의 것〉을 살펴봅시다. 이 영화의 광각렌즈 사용 빈도는 가히 압도적입니다. 이것으로 박찬욱 감독은 다음과 같은 효과를 생산해냅니다. 첫째, 시종일관 지속되는 광각렌즈의 배럴효과는 이 영화의 주제인 '복수', 즉 인간의 골절된 욕망을 환기합니다. 카메라에 밀착된 인물의 일그러진 표정과 가장자리를 향할수록 굴절되는 세계의 풍경은 극단을 오가는 상황 변화와 감정의 선을 효과적으로 환기하며 최종적으로 한국 사회의 삭막한 이면을 꺼림칙하게 들춥니다. 둘째, 류(신하균)는 청각장애인 노동자입니다. 류의 누나(임지은)는 신장병을 앓고 있습니다. 누나의 치료비를 벌기 위해 열심히 일하던 류는 그만 회사에서 해고당합니다. 누나를 살려야 하지만 돈을 벌 수 없습니다. 그때 장기밀매 광고지가 류를 유혹합니다. 순진한 류는 누나를 살리려는 일념 하나로 그때까지 모아둔 현금 모두와 자신의 신장 하나를 누나에게 맞는 신장과 맞바꾸기로 결심합니다. 안타깝게도 그것은 사기입니다. 류는 주머니의 돈과 몸 안의 신장을 가지고 장기밀매 사기꾼 일당의 아지트로 향합니다. 일당의 아지트는 공사가 중단된 건물의 가장 높은 층에 있습니다. 이때 광각렌즈의 효력이 최고조에 달합니다. 시멘트 특유의 회색빛과 이빨을 드러낸 철근의 금속성이 광각렌즈를 경유하면서 안 그래도 황량한 분위기를 감당하

 〈복수는 나의 것〉의 광각 렌즈와 심리적 속도감
(패스워드: amor)

기 힘든 수준으로 싸늘하게 만듭니다. 자신의 신장을 떼기 위해 수술대에 올랐던 류가 마취에서 깨며 눈을 뜹니다. 그곳에는 아무도 없습니다. 그때 류를 가까이서 찍던 카메라는 일순간 류로부터 멀어집니다. 광각렌즈로 포착됐기에 보다 정확하게 말하자면 그것은 '급격한 속도'로 멀어집니다. 카메라 시선은 마치 패대기치듯이 류를 넓고 깊은 회색빛 금속성의 공간에 위치시킵니다. 광각렌즈를 거치면서 류에게 닥친 참극은 배가 됩니다.

2) 앵글

카메라 시선의 높이, 즉 '앵글'은 관객에게 해당 피사체가 어떻게 보일지를 결정하는 데 중요한 역할을 합니다. '하이앵글'은 눈높이보다 높이 있는 카메라 시선이 피사체를 내려다보는 화면 구성입니다. '아이레벨'에서 카메라는 인물의 눈높이와 동일한 높이를 점하며 표준적인 시선을 구성합니다. '로우앵글'은 하이앵글과 반대로 눈높이보다 아래에 카메라 시선이 위치하며 올려다보게 하는 효과를 만듭니다.

하이앵글은 카메라가 피사체보다 높은 곳에 설치되어 아래로 내려다보는 시선입니다. 이것은 일련의 사회적 권력관계를 환기합니다. 높은 사람은 내려다보며 낮은 사람이 우러러 보는 우리의 관습을 닮았기 때문입니다. 하이앵글의 시선은 당연히 윗사람의 것이며 내화면은 내려다본 정경으로 채워질 것입니다. 절대적 해석은 아니지만 하이앵글로 포착된 피사체는 상대적으로 수동적이고, 위축되어 있으며, 나약해 보일 확률이 높습니다. 그런데 그 이유를 단지 윗사람에게 지배당하기 때문이라고 하면 지나치게 모호해 보입니다. 만약 하이앵글로 포착된 피사체가 인간이라면 그 인간은 단독자로 존재할 수 없습니다. 마치 광각렌즈의 효과처럼 그를 감싸고 있는 주변의 다른 피사체들과 함께 포착되기 때문입니다. 그는 수많은 대상 중 일부로, 즉 'N'이 아니라 '1/N'로 존재하는 것입니다. 그렇기 때문에 그의 표정, 행동, 움직임 등의 지형도는 전체의 부분으로 약화됩니다. 하이앵글로 포착된 피사체가 위압적 시선에 지배받고 있는 느낌을 주는 것은 단순이 권력자의 눈치를 보고 있어서가 아니라 전체의 일부로 존재하기 때문인 것입니다.

로우앵글은 피사체보다 낮은 곳에 카메라가 설치되어 피사체를 밑에서 올려다보는 시선입니다. 예상했다시피 우러러보는 시선이다 보니 하이앵글과는 정반대의 권력관계를 암시합니다. 당연히 아랫사람의 시선이며 내화면은 올려다본 정경으로 채워질 것입니다. 역시나 절대적인 것은 아니지만 로우앵글로 포착된 피사체는 상대적으로 능동적이고, 적극적이며, 자신만만해 보일 확률이 높습니다. 그런데 그 이유를 단순히 우러러 보는 것이기 때문이라고 하면 무책임해 보입니다. 하이앵글과는 반대로 로우앵글로 포착된 피사체는 단독자로 존재할 것입니다. 오로지 피사체만 보이고 주변은 기껏해야 천장이나 하늘과 같은 무정물일 확률이 높습니다. 단독자로, '1/N'이 아니라 오로지 'N'으로 존재하는 것입니다. 그렇기 때문에 그의 표정, 행동, 움직임의 지형도는 강력하게 부각됩니다. 로우앵글로 포착된 피사체가 위압적인 것은 단순히 우러러 보기 때문이 아니라 내화면의 중심대상으로 구성되기 때문인 것입니다. 영웅을 다루는 영화에서 자주 활용되는데, 이 경우도 망원렌즈와 마찬가지로 정치적 선전영화에 활용될 경우 '정치의 예술화'의 위험이 따를 것입니다.

엄밀하게 따지면 '강의실'은 이상한 공간입니다. 나이 많은 교수가 서 있고 나이 어린 학생이 앉아 있기 때문입니다. 나이는 깡패가 아닐뿐더러 오로지 나이만이 기준인 예의범절은 왜곡된 유교문화의 악습일 뿐입니다. 과연 그러하다면 최소한 같이 서 있거나 같이 앉아 있어야 할 것 아닙니까. 그런데도 교수는 서 있고 학생은 앉아 있습니다. 왜 그래야 할까요? 이유는 아주 간단합니다. 강의실은 '강의'가 목적인 공간이기 때문입니다. 강의자는 효과적인 강의 진행을 위해 '1/N'로 각자의 자리에 앉은 학생들 전체를 종합적으로 관찰할 수 있어야 합니다. 강의실의 분위기, 학생들의 반응, 수업 도중 '카톡' 삼매경에 빠진 학생 응징 등 내려다보는 시선이 전제될 때 효과적 강의가 가능합니다. 반면에 학생은 한눈을 팔지 말고 오로지 강의실 정면의 교수와 칠판에만 집중해야 합니다.

이처럼 앵글은 비교적 간단한 외면화 기법입니다. 하지만 간단하다고 해서 그 효과가 미미한 것은 아닙니다. 가령 〈타인의 삶〉(플로리안 헨켈 폰 도너스마르크, 2006)이 활용하는 앵글의 효과를 살펴봅시다. 주인공 비즐러(울리히 뮤흐)는 구동독의 강권 통치의 하수인인 정보기관의 비밀 장교입니다. 요주의 인물을 도청해 사상범으로 잡아넣는 게 주 업무입니다. 영화의 초반부 그는 국가의 충실한 하수인으로서 임무에 충실합니다. 이때 비즐리는 로우앵글로 포착됩니다. 신념에 차 있고 자신만만해 보이지만 동시에 국가 폭력의 위협이 환기됩니다. 하지만 영화가 진행되면서 비즐리는 자신의 임무가 폭력적이라는 사실을 깨닫게 됩니다. 사상범으로 의심되는 작곡가의 집을 도청하다가 그들의 사연에 공감하게 되고 사적 애정이 생깁니다. 당연히 사상범이 아닐 거라고 생각합니다. 그러나 그는 구동독이 죄악시하는 생각과 행동을 합니다. 비즐러는 개인적 위험부담을 감수하면서까지 작곡가를 지켜주기 위해 거짓으로 보고합니다. 하지만 비밀요원이 작곡가의 집에 들이닥칩니다. 비즐러가 공범이 되는 것입니다. 이때 카메라 시선은 앞의 경우와는 달리 하이앵글을 취합니다. 그것으로 자신과 작곡가의 신변을 걱정하는 긴장과 공포가 자연스럽게 환기됩니다.

5. 쇼트

영화의 물리적인 기본 단위는 프레임이지만 실질적 기본 단위는 쇼트입니다. 움직임이 형성되는 최소 단위이기 때문입니다. 일반적으로 쇼트는 익스트림 롱 쇼트(extreme long shot), 롱 쇼트(long shot), 미디엄 쇼트(medium shot), 클로즈업(close up) 등으로 나뉩니다. 보다 잘게 분류하면 미디엄 클로즈업, 익스트림 클로즈업, 미디엄 롱 쇼트 등도 추가될 수 있을 것입니다. 하지만 이러한 분류는 지나치게 세부적이기에 이 자리에서는 익스트림 롱 쇼트, 롱 쇼트, 미디엄 쇼트, 클로즈업만을 설명하겠습니다.

따지고 넘어가야 할 것이 있습니다. 쇼트를 분류할 때의 기준은 무엇인가 하는 것입니다. 일반적으로 쇼트를 분류하는 기준은 카메라와 피사체 사이의 거리입니다. 가령, '롱 쇼트'란 카메라가 피사체를 적당히 먼 거리에서 찍었다는 의미이고 '클로즈업'이란 카메라가 피사체를 아주 가까이서 찍었다는 뜻입니다. 그런데 이 기준은 포착된 화면의 의미화를 사유하는 데 딱히 생산적이지 못합니다. 촬영 당시의 조건과 관련된 것이지 그것으로 구성된 이미지의 표정에 대한 것은 아니기 때문입니다. 이러한 이유로 여기서는 카메라와 피사체의 거리가 아니라 그것의 결과물로서 내화면의 성격을 분류 기준으로 삼고자 합니다. 그것은 피사체와 환경 사이의 관계입니다.

카메라와 피사체 사이의 거리가 극단적으로 먼 경우(=익스트림 롱 쇼트) 피사체가 환경에 극단적으로 압도당하는 이미지가 생성됩니다. 카메라와 피사체 사이가 먼 경우(=롱 쇼트) 피사체와 환경이 균형감을 이루나 여전히 환경이 피사체를 약간 압도합니다. 카메라와 피사체의 거리가 가까운 경우(=미디엄 쇼트) 피사체와 환경이 균형감을 이루나 피사체가 환경을 다소 압도합니다. 카메라와 피사체의 거리가 아주 가까운 경우(=클로즈업) 피사체가 환경을 압도합니다. 이러한 구분이 절대적인 것은 아닙니다. 클로즈업이 지속되는 영화를 대한다면 롱 쇼트는 익스트림 롱 쇼트처럼 느껴질 수 있고, 반대로 익스트림 롱 쇼트가 가득한 영화라면 미디엄 쇼트가 클로즈업으로 느껴질 수도 있습니다. 쇼트의 구분은 어디까지나 상대적일 뿐입니다. 이런 사실을 전제하면서 이제 내면의 외면화 맥락에서 쇼트 각각의 의미와 기능에 대해 알아보겠습니다.

1) 익스트림 롱 쇼트

익스트림 롱 쇼트는 피사체와 환경 사이의 관계에서 환경이 피사체를 극단적으로 압도합니다. 피사체는 존재감을 과시하기보다는 광활한 환경의 일부분으로 흡수될 것입니다. 이런 이유로 익스트림 롱 쇼트는 광대하게 펼쳐진 시야를 강조하는 데 적당합니다. 대개 광각렌즈와 짝을 이루는데, 그래야만 더 넓은 시야와 깊이를 만들 수 있기 때문입니다.

한 편의 영화에서 익스트림 롱 쇼트는 그리 빈번하게 활용되지 않습니다. 우선 촬영의 물리적 조건 자체가 까다롭습니다. 더불어 피사체와 환경의 압도적 차이가 이야기의 흐름을 방해할 수 있기 때문입니다. 영화에서 익스트림 롱 쇼트와 마주하는 경우는 대부분 영화의 첫머리나, 시퀀스와 신의 도입부에서입니다. 이럴 경우 넓고 깊게 포착된 공간의 지형도는 향후 이어질 보다 구체적 사건들에 대한 개괄적인 정보를 생산적으로 환기합니다. 이런 이유에서 익스트림 롱 쇼트는 흔히 설정 쇼트(establishing shot)로 활용됩니다. 가령, 오프닝 시퀀스의 도입부에 전원풍경, 전통 한옥마을의 정경, 논과 밭, 청명한 하늘 등이 익스트림 롱 쇼트로 포착된다면 우리는 향후 구체화될 이 영화의 사연이 '조선시대'를 배경으로 하고 있다는 사실을 직감할 것입니다. 한편, 〈다크나이트〉(크리스토퍼 놀런, 2008)는 새로운 신이 시작될 때 상공에서 고담시를 내려다본 익스트림 롱 쇼트를 자주 사용합니다. 그때 광활한 시선의 주체는 밤의 기사 배트맨입니다. 배트맨의 시선에 들어온 고담시의 풍경은 물리적 풍경을 넘어 이 영화의 얼개, 즉 범죄, 음모, 죽음이 도사리는 도시의 그림자를 상징할 것입니다. 혹은 이 압도적인 스케일을 수호하는 배트맨의 악전고투와, 그럼에도 기어이 선(善)을 복원하고야 마는 치열한 휴머니즘을 환기할지도 모릅니다.

익스트림 롱 쇼트가 영화 미학으로 승화된 결정적 계기는 서부극입니다. 보다 정확하게 말해 서부극에서 미대륙 서부의 광활한 풍경, 즉 서부의 랜드스케이프(landscape)를 통해서입니다. 속세의 질서를 따르는 인간은 압도적인 랜드스케이프 안에서 한낱 먼지 같은 존재로 추락합니다. 아니, 소실점을 가늠할 수 없는 탁 트인 대지의 숨결은 인간적 한계 너머의 공간으로 우리의 시선을 이끕니다. 그 무한대로 뻗어나간 광활한 입체감 앞에서 세속적인 질서에 연루된 인간들의 관계는 일거에 제거됩니다. 서부극에서 익스트림 롱 쇼트는 그것 자체로 인지 불가능한 무시간성의 심연, 영화만이 형상화할 수 있는 성찰의 지점을 생산적으로 환기하는 것입니다.

2) 롱 쇼트

롱 쇼트는 가장 객관적이고 설명적인 쇼트입니다. 그렇기 때문에 관객에게 향후 이어질 사건의 배경 지식을 명확하게 전달하는 데 사용됩니다. 더불어 객관적인 시선을 전제하며 현장감을 배가시키는 데 효과적입니다. 이런 이유로 롱 쇼트는 대상과의 객관적 거리 두기를 본질로 하는 다큐멘터리 영화 미학의 대표적인 외면화 방식이기도 합니다. 이런 점이 롱 쇼트의 일반적인 경향이라면, 갱스터 무비와 같은 영화 장르에서 이것은 특유의 뉘앙스를 제공하며 존재론적 질문으로 체화되기도 합니다.

롱 쇼트에서 '롱'은 연극 무대와 객석 사이의 거리를 의미합니다. 익스트림 롱 쇼트는 거리가 압도적으로 멀기 때문에 그것으로 포착된 이미지 대부분은 추상적이고 모호합니다. 이에 반해 롱 쇼트는 여전히 환경이 피사체를 압도하지만 그 강도는 미약하며 환경의 질감과 피사체의 형상 모두가 구체적으로 확인됩니다. 미디엄 쇼트처럼 세밀하게 따질 수 있는 수준은 아니나 익스트림 롱 쇼트에 비해서는 훨씬 더 구체적으로 내화면을 구성하는 것입니다. 일정한 거리에서 가장 많은 정보를 담을 수 있기에 롱 쇼트는 그 어떤 쇼트보다 객관적이고 설명적인 기능을 수행합니다. 익스트림 롱 쇼트가 영화 전체, 시퀀스 전체, 신 전체의 정황을 개괄적으로 설정한다면, 롱 쇼트는 향후 이어질 사건과 관련된 구체적인 배경 지식을 효과적으로 설정합니다. 그래서 익스트림 롱 쇼트보다 롱 쇼트가 설정 쇼트로 보다 빈번하게 활용됩니다. 행동과 대화 장면 직전에 배치되어 그것의 맥락, 개요, 분위기, 시간과 공간의 정보 등을 환기함으로써 이해의 토대를 마련하는 것입니다.

한편, 롱 쇼트는 인간적 감정이 최대한 배제된 '무정물의 시점'으로 기능합니다. 주관과 정서가 자제된 상황에서 넓고 깊은 현장감을 부각시키기 때문에 신문기사의 언어와 같은 기능을 수행하는 데 유용합니다. 다큐멘터리 영화 미학을 롱 쇼트의 미학이라고 부르는 이유가 여기에 있습니다. 물론 무미건조하고 냉정해 보일 수 있습니다. 하지만 그렇기 때문에 관객 스스로의 생산적 판단을 유도할 수 있습니다. 롱 쇼트란 곧 '거리두기'이며 진실에 가장 가깝게 다가갈 수 있는 최상의 방법론입니다. 흥미로운 것은 갱스터 무비와 같은 장르에서 롱 쇼트의 객관적인 태도가 이율배반적인 뉘앙스를 환기한다는 점입니다. 이것과 관련해서는 이 챕터의 마지막인 '쇼트 변화'를 설명할 때 상세히 다루겠습니다.

3) 미디엄 쇼트

영화에서 가장 많이 접하는 쇼트가 미디엄 쇼트입니다. 롱 쇼트는 균형이 유지되는 상태에서 환경이 피사체를 압도하지만, 미디엄 쇼트는 균형이 전제된 상황에서 인물이 환경을 압도합니다. 카메라는 피사체를 '접근 양식'에서의 '친밀한 거리' 수준에서 포착합니다. '적당히' 떨어진 상태에서 포착하기 때문에 가장 편하고 평범한 쇼트입니다. 이때 편하다는 말을 거꾸로 해석하면 특별한 상황에 신경을 쓰지 말고 그저 피사체의 상황, 대사, 행동에만 주목하라는 의미이기도 합니다. 시각적으로 평범하기 때문에 오직 내화면에서 벌어지는 사건에만 주목할 수 있는 것입니다.

미디엄 쇼트는 익스트림 롱 쇼트에서 구축된 영화의 얼개와 롱 쇼트에서 설정된 배경 지식을 바탕으로 본격적이고 복잡한 사건이 진행될 때 등장합니다. 인물이 대화를 나눌 때, 특정 목적을 위해 신체를 활용할 때, 사건과 관련된 공간에서 어떤 행동을 할 때 주로 미디엄 쇼트가 활용됩니다. 사실 평범한 시선인지라 특별히 설명할 게 없습니다. 이 시선의 대표적인 형태인 '오버 더 숄더 쇼트(over the shoulder shot)'를 설명하는 것으로 미디엄 쇼트에 대한 설명을 대신해도 될 것 같습니다. 오버 더 숄더 쇼트는 말 뜻 그대로 '어깨 너머 쇼트'로 불리며 촬영장에서는 축약해서 'OS쇼트'라고도 부릅니다. 이 쇼트는 둘이나 그 이상의 인물이 대화를 나눌 때 주로 사용됩니다. 두 인물이 마주보고 대화를 나눕니다. 카메라는 한 인물의 뒤에서 다른 인물을 바라봅니다. 자연스럽게 한 인물의 어깨가 보이고 그 너머로 다른 인물의 얼굴이 보이는 것입니다. 주로 화자는 얼굴이 포착되고 청자는 등이 보이지만 각각의 반응이 중요할 경우 역전되기도 합니다. 무엇보다 이 쇼트는 미디엄 쇼트의 일반적인 기능, 즉 특별한 시각성 없이 관객을 오직 이야기의 진행에만 주목할 수 있도록 합니다.

앞서 언급했던 〈졸업〉에서 우리는 인상적인 오버 더 숄더 쇼트를 발견합니다. 벤자민과 엘레인의 사랑은 집안의 반대에 부딪칩니다. 사실 벤자민은 엘레인의 어머니 로빈슨(앤 밴크로프트)과 얽힌 과거의 사연이 있습니다. 원래 벤자민의 집안과 엘레인의 집안은 상당히 호의적인 관계였습니다. 그 사건만 없었다면 둘은 축복 속에서 결혼했을지도 모릅니다. 사건은 이렇습니다. 벤자민의 졸업을 축하하기 위해 모인 자리에서 당황스러운 사건이 발생합니다. 벤자민의 방에 로빈슨이들어와 도움을 청합니다. 술이 취했으니 집까지 데려다 달라는 것입니다. 벤자민은 기꺼이 따라 나섭니다. 집에 도착한 로빈슨은 벤자민에게 고맙다며 잠깐 들어왔다 가라고 합니다. 역시나 벤자민은 망설이지 않습니다. 하지만 그것이 사건의시작이었습니다. 벤자민은 깜짝 놀랍니다. 로빈슨이 벌거벗은채로 벤자민 앞에 나타난 것입니다. 로빈슨은 벤자민을 유혹합니다. 마이크 니콜스 감독은 이 당황스러운 순간을 평범하지만, 그 효과만큼은 강렬한 방식으로 형상화합니다. 벌거벗은 로빈슨의 등을 카메라 가까이 놓고 그 너머의 벤자민의 표정을 보여줌으로써, 벤자민에게 닥친 당황스러운 사건의 실체와 그것을 대하는 벤자민의 감정을 실감나게 외면화합니다. 유혹하는 자와 유혹당하는 자의 불편하면서도 매혹적인 관계와 정념을 단 하나의 평범하면서도 압도적 이미지로 외면화하는 것입니다.

4) 클로즈업

일상에서 우리가 얼굴을 밀착해서 봐도 딱히 문제가 되지 않는 관계는 의외로 적습니다. 가족, 친구, 연인 몇 명 정도에만 한정될 것입니다. 그들은 징그럽다며 당신의 밀착된 얼굴을 싫어할지도 모릅니다. 하지만 법적으로 문제 삼지는 않을 것입니다. 한편, 가족, 친구, 연인은 당신이 혹여 사고를 쳐도 당신을 편들 것입니다. 이유는 간단합니다. 가족, 친구, 연인이기 때문입니다. 말하려는 바는 간단합니다. 얼굴을 밀착해서 볼 수 있는 관계는 지극히 주관적이고 정서적 관계인 것입니다. 이 관계와 유사한 쇼트는 클로즈업입니다. 피사체가 환경을 완전히 압도해 오로지 피사체의 형상만이 내화면을 가득 채웁니다. 클로즈업을 경유할 때 그 대상은 우리에게 주관적이고, 정서적이고, 심리적인 반응을 요구할 것입니다. 그렇다면 영화는 고마운 존재입니다. 우리는 전지현, 김혜수, 강동원, 정우성과 같은 스타와 사적으로 알지 못합니다. 그들은 비현실적으로 아름답고 멋진 존재들입니다. 그런데 영화를 보는 동안, 특히 클로즈업에 포착된 그들과 마주하는 순간, 그들과 정서적으로 가까워지며, 그러니까 그들과 연인이 되어, 사랑을 나눌 수 있습니다. 영화는 꿈의 공장인 것입니다.

클로즈업으로 포착된 대상은 그 중요도가 부각됩니다. 우리의 기억력은 딱히 공정하지 않습니다. 우리는 객관적 정보나 지식을 쉽게 망각합니다. 개인적 사연이나 정서적 대상은 오래

도록 기억합니다. 가령, 우리는 대통령 후보가 내놓은 정책에
는 딱히 관심이 없고 있더라도 오래 기억하지 못합니다. 하지
만 눈물 흘리는 모습이나 개인사 등에는 민감하게 반응하며 오
래도록 기억합니다. 이것이 영화에서 중요한 대상을 클로즈업
으로 포착하는 이유입니다. 혹은 클로즈업으로 포착된 대상에
중요도가 각인되는 이유입니다. 비록 90분이라는 짧은 상영시
간이지만 영화를 이해하기 위해 반드시 기억해야 하는 피사체
는 클로즈업으로 포착됩니다. 이것이 클로즈업의 일차적 기능
입니다.

　한 걸음 더 들어가서 논의해 봅시다. 보다 본질적으로 클로
즈업은 대체 왜 주관적일까요? 대체로 클로즈업으로 포착되는
대상은 얼굴입니다. 내화면을 가득 채운 얼굴이 주관적인 반응
을 불러일으키는 이유는 무엇일까요? 영화이론가 벨라 발라즈
와 프랑스의 철학가 질 들뢰즈는 각각 다음과 같이 말합니다.

얼굴 표정은 인간의 가장 주관적인 표현이다. 심지어 말보다 더 주
관적이라 할 수 있는데, 왜냐하면 어휘나 문법은 다소 보편적인 규
칙이나 관습에 얽매일 수 있는 반면, 사람의 모습은 객관적인 법규
에 지배되지 않는 표현이라 할 수 있기 때문이다. 가장 주관적이고
개인적인 인간의 표현은 클로즈업을 통해 객관적이 된다.

클로즈업은 대상을 시공간적인 모든 좌표로부터 추상화시킨다. 즉

클로즈업은 대상을 실체의 상태로 격상시킨다. 근접 화면은 확대가 아니며, 만일 그것이 어떤 차원의 변화를 의미한다면 이는 절대적인 변화이다. 그것은 운동의 변형으로서 전이이기를 멈추고 표현된다.

벨라 발라즈에 따르면 그 이유는 얼굴 표정에서 기인합니다. 문자 언어나 법규 등은 관습과 규칙에 얽매이는 반면 사람의 행동, 특히 얼굴 표정은 그러한 규범으로부터 자유롭다는 것입니다. 그것을 가장 잘 포착하는 게 클로즈업이라는 의견입니다. 하지만 크게 와 닿지 않는 설명입니다. 사람의 모습이 법규에 지배되지 않는다는 전제가 모호하기 때문입니다. 질 들뢰즈의 설명이 보다 그럴듯한데, 클로즈업은 특정 대상을 선별해 확대하는 형상화입니다. 확대되면서 그 대상은 애초의 유기적 질서로부터 이탈합니다. 얼굴은 신체와의 유기적인 관계 안에서 객관적인 좌표값을 가집니다. 그러나 확대되는 순간 객관적 좌표는 추상화됩니다. 바로 이 추상화된 좌표가 우리에게 정서적 반응을 일으킨다는 것입니다. 하지만 이 역시 완벽하게 수긍되는 설명은 아닙니다. 클로즈업에 지나치게 의미를 부여하고 있는 것처럼 보이기 때문입니다. 그런데 어쩔 수 없습니다. 애초에 주관적이고 정서적인 정념을 논리적으로 완벽하게 설명하는 것 자체가 불가능하니까 말입니다.

최소한 이렇게 말할 수는 있습니다. 특정 대상을 확대하는 것은 확실히 우리의 일상적 감각을 혼란스럽게 하는 것임에 틀

림없습니다. 특정 대상을 아주 가까이에서 볼 때 우리는 평소
에 그 대상에게서 볼 수 없었던 무엇인가를 보고 반응할 수밖
에 없습니다. 가령, 미세한 눈빛 변화, 입술의 떨림, 잔주름, 다
크서클, 입술의 실룩거림 등의 형상은 우리에게 일반적이고 논
리적인 범주를 넘어 세심한 심리적 반응을 유도합니다.

5) 쇼트 변화

대개의 영화는 여러 개의 쇼트를 이어붙이면서 이야기를 쌓
아갑니다. 한 가지 종류의 쇼트가 시종일관 지속되는 것이 아
니라 상황에 따라 그것에 어울리는 쇼트가 다양하게 선택되면
서 하나의 신을 향해 달려가는 것입니다. 이러한 '쇼트 변화' 역
시 주요한 내면의 외면화 기법 중 하나입니다.

일반적으로 하나의 시퀀스에서 쇼트는 넓은 것에서 좁은 것
으로 향하는 경향이 있습니다. 정보 전달의 측면에서 이는 지
극히 상식적인 변화입니다. 무엇인가를 배울 때 처음부터 고급
반을 들어가는 사람은 없습니다. 대상에 대한 개괄적 설명을
듣고 점점 더 난이도를 높이는 것이 일반적입니다. 쇼트 변화
도 마찬가지입니다. 먼저 영화 전체와 관련된 개괄적 정보를
설정합니다. 그리고 구체적 사건과 관련된 보다 명확한 배경
지식을 제시합니다. 그런 설정이 전제된 후에야 비로소 영화가
구축하는 개성적 사건의 묘미가 자연스럽게 환기됩니다. 그리
고 하이라이트 지점에서 극단의 정서를 환기해 최상의 반응을

이끌어냅니다. 이는 다음과 같이 다르게 말할 수 있습니다.

하나의 신은 익스트림 롱 쇼트에서 시작되며 전체적 느낌을 창출합니다. 전체 느낌이 구축된 후 그것과 관련되어 향후 벌어질 사건에 대한 보다 구체적이고 객관적인 설정이 롱 쇼트로 이뤄집니다. 이것으로 기본적 정보 제공이 끝났습니다. 이 토대 아래서 본격적 사건이 진행되며 미디엄 쇼트가 반복될 것입니다. 그리고 이 와중에 관객이 반드시 알아야 할 중요한 단서나 인물이 처한 극적이고 정서적 상황을 제시할 때 카메라 시선은 클로즈업이 될 것입니다.

한편, 이러한 변화는 인물의 관계(객관적 혹은 주관적)를 환기하는 데도 효과적입니다. 공적이고 사회적인 관점에서 사적이고 주관적인 관점으로 변할 때 쇼트 변화를 경유하면 특별한 설명 없이 그러한 변화가 환기됩니다. 그 대표적인 사례가 〈아메리칸 뷰티〉(샘 멘데스, 1999)에 있습니다. 이 영화가 개봉되었을 당시 한국의 관객은 웅성거렸습니다. 영화의 내용이 그 당시로는 꽤나 충격적이었던 것입니다. 이 작품은 번듯해 보이는 미국 중산층의 뒤틀린 욕망을 파헤치며 부르주아적 삶의 위선을 끄집어냅니다. 뒤틀린 욕망은 중산층 가정의 가장 레스터 번햄(케빈 스페이시)에서 시작됩니다. 고등학생 딸 제인 번햄(도라 버치)은 치어리더입니다. 무기력한 중년 남성의 전형적인 모습을 한 레스터는 딸을 응원하기 위해 학교로 향합니다. 그는 사춘기의 딸이 자신을 싫어한다는 사실을 잘 알고 있습니다. 하지만 가야합니다. 부모니까 말입니다. 하프타임이 되고 드디어 딸의 공연이 시작됩니다. 딸의 공연만 끝나면 곧장 집으로 갈 작정입니다. 바로 그때 치어리더 중 한 명에게 그만 사랑에 빠져버립니다. 딸의 친구 안젤라(미나 수바리)에게 관능미를 느껴버린 것입니다. 이 영화가 개봉했을 당시 왜 한국 관객이 웅성거렸는지 조금 이해가 되실 겁니다. 아버지가 고등학생 딸의 친구와 사랑에 빠진 겁니다.

하지만 막상 영화를 보면 생각보다 충격은 덜합니다. 누군가는 피식 웃어버릴지도 모릅니다. 충격적인 상황을 매개하는 것은 평범한 쇼트 변화이기 때문입니다. 문제의 장소인 농구장에 들어섰을 때 카메라는 레스터를 롱 쇼트로 포착합니다. 그는 딸을 응원하러 온 아버지로 객관화됩니다. 한동안 진행되던 객관적 시선은 안젤라의 등장과 함께 급변합니다. 그 순간 롱 쇼트는 미디엄 쇼트로 변합니다. 시간이 지날수록 순차적으로 쇼트는 좁아집니다. 급기야 넓은 농구장에 단 둘만 있는 상상적 장면으로 빠집니다. 최종적으로 레스터의 눈을 극단적으로 클로즈업하며 신은 마무리됩니다. 공연의 기승전결과 정확히 비례하는 쇼트 변화가 의미하는 바는 간명합니다. 무기력한 아버지에서 리비도를 발산하는 남자로의 변화가 그것입니다. 그는 사랑에 빠진 것입니다.

〈아메리칸 뷰티〉가 고전적 쇼트 변화를 충실하게 따르며 효과적 외면화를 이룬 경우라면 지금부터 설명할 내용은 그러한 일반 문법을 비틀어 이율배반적 효과를 창출하는 경우입니다. '갱스터 무비'의 의미심장한 쇼트 활용이 그것입니다. 효과적인 논의를 위해서 갱스터 무비에 대한 개괄적 설명이 필요합니다. 갱스터 무비가 창궐하던 1930년대 미국은 금주법의 시행과 경제대공황으로 이른바 '아메리칸 드림'이 산산이 부서지던 시기였습니다. 열정, 근면, 성실만 있으면 성공할 수 있다는 미국의 신화가 붕괴되는 순간, 그 기만적 신화로 지탱되어 온 사회구조의 모순이 불안한 전망과 함께 격렬하게 표출됩니다. 강고한 계급구조를 가난한 개인이, 특히 이탈리아 이민자처럼 막차를 타고 미국에 건너온 이민 하층민이 합법적으로 돌파하는 것은 불가능하다는 사실이 실토됩니다. 미국 사회를 지탱해 오던 최소한의 도덕 관념이 무너집니다. 가난한 이민자가 부를 획득하는 유일한 방법은 남의 부를 탈취하는 수밖에 없는 것입니다. 건장한 신체의 야망 가득한 가난한 청년의 목숨을 건 도전이 시작됩니다. 암흑의 도시에 아메리칸 갱스터가 탄생하는 순간입니다.

내면의 외면화의 맥락에서 흥미로운 것은 주인공 갱스터에 대한 갱스터 무비의 태도입니다. 갱스터가 출현할 수밖에 없는 시대 상황을 비판적으로 조망하는 것이 기본 입장입니다. 하지만 도덕적 파탄의 상징인 갱스터를 무작정 편들 수도 없습니다. 이 결과 갱스터 무비는 옳고 그름의 판단 자체를 무화합니다. 아니, 그러한 판단이 애초에 불가능하다는 듯 선과 악이 혼

재된 세계를 무덤덤하게 그려나갑니다. 이것을 효과적으로 매개하기 위해 갱스터 무비가 발명한 장르 코드, 즉 외면화 기법이 바로 '하드보일드'입니다. 하드보일드란 비정 혹은 냉혹을 의미합니다. 하지만 갱스터무비는 대중 영화입니다. 탈법을 다루지만 그 영화가 상영되는 당대 사회의 반발과 검열에서 자유로울 수 없습니다. 갱스터의 혁명을 성공적으로 묘사하는 것은 상상력의 면죄부를 넘어서는 것입니다. 애초에 갱스터를 방치할 만큼 미국 사회의 기득권이 그렇게 무능하지 않습니다. 건장한 신체, 객기, 슈트 정장, 총과 칼에 의지해 승승장구하던 시절도 잠시, 갱스터를 기다리는 것은 처참한 죽음입니다.

하드보일드 형식이 특히 빛을 발휘하는 것은 갱스터의 죽음을 포착할 때입니다. 바로 이 대목에서 쇼트 변화의 역설적 활용이 등장합니다. 대개의 영화는 주인공을 사랑합니다. 그가 아무리 악인이더라도 그 이면에는 동정과 연민을 전제합니다. 관객 역시 아무리 악인일지라도 그가 위기를 극복하길 응원합니다. 그래서 이 악인이 죽음에 임박했을 무렵에는 영화든 관객이든 연민의 감정에 빠지게 마련입니다. 음악은 비장할 것이며, 하늘에서는 비가 내릴 가능성이 높고, 심지어 슬로모션이 뒤따를 수도 있습니다. 그리고 그때의 지배적 카메라 시선은 농밀한 정서로서 클로즈업입니다.

하지만 갱스터 무비는 주인공이 비참하게 죽어가는 와중에도 동정어린 시선을 쉽게 허락하지 않습니다. 그렇다고 쇼트 변화의 문법 자체가 완전히 해체되는 것은 아닙니다. 롱 쇼트에서 미디엄 쇼트로, 미디엄 쇼트에서 클로즈업으로의 변화가 이 경우에도 지배적일 겁니다. 하지만 결정적인 지점에서 갱스터 무비는 그것을 배신합니다. 주인공이 죽었음에도 감정적 여운은 점프 컷(jump cut)됩니다. 구구절절한 사연에도 관심이 없습니다. 날씨는 도리어 화창합니다. 비장한 음악도 흐르지 않습니다. 그들의 죽음은 일체의 수식이 제거된 상태에서 조망될 뿐입니다. 그리고 통상 클로즈업이 도착해야 할 자리에 카메라 시선은 역으로 뒤로 빠져버리며 주인공의 죽음을 냉정하고 객관적으로 관망합니다. 이때의 롱 쇼트는 일체의 인간적 연민이 제거된 '무정물의 시점'입니다. 그것은 단순히 갱스터의 죽음만이 아니라 파탄이 난 아메리칸 드림을 향한 시선이기도 합니다.

6. 움직임의 역학

드디어 이 책의 마지막 자리까지 왔습니다. 영화가 다른 것과 대별되는 핵심적 성격은 바로 이것입니다. 움직이는 이미지를 원천으로 한다는 것입니다. 이제야 우리는 오로지 영화만이 할 수 있는 내면의 외면화 방식과 마주하게 되었습니다. 알다시피 'movies', 'motion pictures', 'moving pictures' 등은 영화를 지시하는 단어입니다. 여기에는 한결같이 '움직임'의 의미가 포함되어 있습니다. 'cinema' 역시 '움직임'을 나타내는 그리스어 'kinema'에서 유래한 말이라고 합니다. 그런데 정작 우리는 영화의 움직임에 별 관심이 없는 것 같습니다. 예를 들어 "이 영화의 삐거덕거리는 움직임은 주인공의 소심한 세계관과 닮았어", "움직임의 향연이 모순 덩어리인 세상을 향한 저항을 상징하는 것 같아" 같은 감상평은 지극히 예외적입니다. 물론 이 자리에서 '영화적 움직임'이라는 거대한 주제를 완벽하게 다룰 수는 없을 것입니다. 그저 바람이 있다면 지금부터 논의할 지식을 통해 영화가 '움직임의 예술'이라는 사실을 새삼 자각하는 것, 나아가 스크린을 수놓는 움직임에 좀 더 주의를 기울이게 되는 것입니다.

움직임은 크게 세 가지로 나뉩니다. '피사체의 움직임', '카메라 시선의 움직임', '렌즈의 움직임'입니다. 하나의 움직임만 있는 경우도 있지만 대개의 움직임은 동시다발적입니다. 사실 움직임에 대한 설명은 막연합니다. 이유는 간단합니다. 너무 많은 의미를 생성하기 때문입니다. 움직임은 '지속'을 생명으로 합니다. 움직임은 '지속'되는 내내 '지속'적으로 의미를 생성하는 것입니다. 막상 움직임을 언어로 설명하려 하면 그것의 의미가 지나치게 단순화되는 경향이 있습니다. 이렇게 생각하면 됩니다. 움직임에 대한 이 자리의 설명을 이해했다고 해서 움직임을 이해한 것은 아닙니다. 움직임은 제대로 이해될 수 없습니다. 우리가 할 수 있는 일이란 움직임의 의미를 익히는 것을 넘어 훌륭한 움직임을 집요하고 세밀하게 관찰하는 실천

인지도 모릅니다.

1) 피사체의 움직임

카메라가 고정되어 있다는 전제 하에서 피사체가 움직이고 그 움직임이 일련의 내면을 외면화할 때 이를 '피사체의 움직임'이라고 부릅니다. 피사체의 움직임은 다시 세 가지로 나뉩니다. 좌우의 움직임인 '수평 움직임', 상하의 움직임인 '수직 움직임', 그리고 카메라로부터 가까워지고 멀어지는 움직임인 '심도의 움직임'입니다. 움직임에 대한 설명 역시 절대적이지 않습니다. 움직임의 의미를 포착하기 위한 하나의 기준으로 작용할 뿐 예외는 상존합니다.

'수평 움직임'에 대한 설명은 간단합니다. 우리의 눈은 왼쪽에서 오른쪽을 향하는 경향이 있습니다. 가령 독서할 때 우리의 시선은 왼쪽에서 오른쪽으로 흐릅니다. 이것을 기준으로 놓으면, 왼쪽에서 오른쪽으로 움직이는 대상은 오른쪽에서 왼쪽으로 움직이는 대상보다 훨씬 자연스러워 보이며 반대인 경우 불편해 보일 것입니다. 한편, '수직 움직임'은 수평 움직임에 비해 상대적으로 의미화 경향이 강합니다. 예컨대 김수영 시 「폭포」나 「풀」을 배울 때 우리는 숱하게 상승 이미지나 하강 이미지에 대해 공부한 바 있습니다. 피사체의 움직임이라고 해서 특별히 다른 것은 아닙니다. 수직으로 올라가는 움직임은 딱딱하게 고정된 내화면의 틀을 뚫고 솟아오르는 느낌을 유발합니다. 때문에 이 움직임은 비상, 자유, 포부, 승리, 환희, 권력, 권위 등과 같은 관념을 외면화하는 데 유용합니다. 수직으로 내려가는 움직임은 그것과는 정반대인 비애, 죽음, 실패, 몰락, 허약 등의 관념을 외면화하는 데 유리할 것입니다.

피사체의 움직임 중 마지막은 카메라로 다가오거나 멀어지는 '심도의 움직임'입니다. 카메라 시선은 곧 관객의 시선입니다. 그렇기에 이런 움직임은 인물이 관객에게로 다가오거나 멀어지는 효과를 창출합니다. 그 의미화는 맥락에 따라서 다릅니다. 카메라 쪽으로 다가오는 움직임은 '관계의 심화'라는 관념을 외면화합니다. 그러나 이때의 심화는 상황에 따라 전혀 다른 정념을 환기합니다. 다가오는 인물이 〈악마를 보았다〉의 정경철이라면 우리는 극도의 공포감을 느낄 것입니다. 〈아저씨〉의 아저씨라면 뭔가 믿음직스럽거나 설레며 수줍어할지도 모릅니다.

한편, 카메라로부터 피사체가 멀어지는 것은 대체로 '관계의 소원'을 외면화합니다. 그러나 역시 이 경우도 맥락에 따라 전혀 다른 느낌을 환기합니다. 〈부산행〉(연상호, 2016)에서 눈앞의 좀비가 갑자기 방향을 틀어 뒤로 물러날 때 우리는 안도감을 느낍니다. 〈봄날은 간다〉에서 상우가 돌려준 화분을 받은 은수가 무슨 뜻인지 알겠다며 살짝 웃고는 뒤돌아 카메라로부터 멀어질 때 우리는 이들의 이별을 아쉬워할 것입니다.

피사체의 움직임이 보다 큰 효과를 발휘하는 것은 이들 움직임이 유발하는 '심리의 차이'입니다. 측면(수평/수직/상승/하강) 움직임과 심도 움직임 중 효과가 큰 쪽은 무엇일까요? 당연히 측면 움직임입니다. 프레임의 상하좌우를 빠르게 오가는 움직임이기 때문입니다. 이에 반해 심도 움직임은 가시적 효과가 약합니다. 피사체가 카메라로부터 가까워지거나 멀어질 때 기껏해야 그 형상이 '점점' 커지거나 '점차' 작아지는 효과 정도이기 때문입니다. 움직임을 생산할 때도 측면은 몇 초면 충분하지만 심도의 경우 최소 몇 십초가 필요합니다. 그 결과 이런 차이는 차별적인 심리적 효과를 만듭니다. 측면 움직임은 피사체를 능률적이고 속도감 있게 만듭니다. 심도 움직임은 피사체를 명상적이고 정적으로 만듭니다. 〈미션 임파서블〉의 경우 측면 움직임을 최대치로 활용하여 액션 영화 특유의 속도감을 배가시킵니다. 이에 반해 불교적 수행을 모티프로 차용하는 〈만다라〉(임권택, 1981)의 경우 피사체가 소실점에서 카메라 쪽으로 거의 제자리걸음하듯 다가오는 움직임을 지긋이 포착함으로써 느린 호흡을 음미하게 합니다.

2) 카메라의 움직임

카메라(혹은 줌 렌즈)가 적극적으로 움직이며 의미를 생산하는 것을 여기서는 '카메라 움직임'이라 명명합니다. 여기에는 줌 쇼트, 패닝 쇼트, 틸트 쇼트, 달리 쇼트, 달리 줌 쇼트, 트래킹 쇼트, 스테디캠 쇼트, 크레인 쇼트 등이 있습니다.

'줌 쇼트(zoom shot)'는 사실 카메라의 움직임이 아닙니다. 줌 렌즈의 광학적 특징, 즉 광각에서 망원으로 줌 인(zoom in) 하거나 망원에서 광각으로 줌 아웃(zoom out)하면서 움직임을 만들기 때문입니다. 줌 렌즈는 무엇보다 실용적입니다. 렌즈를 바꾸지 않고도 하나의 쇼트에 광각, 표준, 망원의 효과를 오가며 역동적 시야를 생산합니다. 줌 쇼트는 내화면의 일부를 당겨서 오거나 반대로 밀려나서 빠져 나오는 느낌을 만듭니다. 프레임의 크기를 바꿔 기존의 내화면에서 보이지 않던 것이 드러나게 하거나 점진적 접근으로 불필요한 대상을 외화면으로 떠밀면서 특정 대상에 집중하게 합니다. 한편, 주밍(zooming) 의 방식에 따라서도 차별적 외면화가 가능합니다. 안정적이고 유연한 주밍과 불안정하고 거친 주밍은 대상에 대한 심리적 변화를 차별적으로 구축할 것입니다. 특히 액션영화에서 자주 목격되는 것으로, 초점거리를 급격하게 바꾸면(=크래시 줌 crash zoom) 상황의 긴박성이나 긴장감을 고조시킬 수 있습니다.

이제부터 본격적으로 카메라의 움직임에 대해 살펴보겠습니다. '패닝 쇼트(panning shot)'의 움직임은 삼각대나 촬영감독의 몸에 고정된 카메라가 좌우로 회전하며 '수평으로' 공간을 훑을 때 생성됩니다. 이것의 주된 기능은 움직이는 중심인물을 내화면의 중앙에 유지시키는 것입니다. 또한, 마치 이동 초점처럼 카메라 시선이 특정 인물에서 다른 인물로 분절 없이 이동할 때도 활용됩니다. 이것은 특히 포커 게임을 하는 장면처럼 심리적 긴장감을 조성해야 하는 경우에 유용합니다. 카메라는 둥근 도박판의 중앙에 위치합니다. 카드가 배분되는 과정을 패닝하는 카메라가 안정적이고 유연하게 뒤따릅니다. 각자의 손앞에 카드가 놓이고 패를 까야 하는 상황이 다가올수록 패닝의 속도도 빨라집니다. 모두가 기권하고 이제 두 명만 남았습니다. 둘은 상대가 손에 든 나머지 패를 읽기 위해 고도의 심리전을 벌입니다. 이때 카메라가 급격히 패닝하며 그들의 얼굴과 손을 번갈아 비추면 도박판의 살기와 함께 최고조의 긴장감이 연출될 것입니다.

'틸트 쇼트(tilt shot)'의 움직임은 패닝 쇼트와 마찬가지로 카메라가 삼각대나 촬영감독의 몸에 고정되어 있지만 패닝 쇼트와는 달리 '수직으로' 오갑니다. 대표적으로 인물이 특정 공간에 도착했거나 떠날 때 틸트 쇼트는 인물과 공간을 긴밀하게 연결합니다. 건물 꼭대기에서 시작된 카메라 시선이 순차적으로 지상 쪽을 향하다 인물을 포착하는 순간 움직임을 멈추는 경우, 자연스럽게 해당 건물에서 겪게 될 인물의 사연이 예고됩니다. 상하의 공간을 차별화시킨 후 틸트 쇼트로 반전을 도모함으로써 특정한 정서를 환기하는 경우도 있습니다. 용모가 단정한 아나운서가 있습니다. 차분한 말투와 신뢰 가는 표정으로 뉴스를 진행합니다. 카메라 시선이 아래로 향하면 그는 다리털이 훤히 보이는 반바지 차림입니다. 한편 대중 영화에서 틸트 쇼트가 가장 빈번하게 활용되는 경우는 남성의 시선으로 여성의 신체를 염탐하는 때입니다. 여성을 구경거리로 대상화하는 시선의 움직임이 틸트 쇼트의 일반적 용례라는 것은 그만큼 여성을 차별하는 시선이 대중 영화에 만연되어 있다는 것을 방증합니다.

'달리 쇼트(dolly shot)'에서 '달리'는 카메라를 장착한 채 이동하면서 촬영할 수 있도록 설계된 이동 수단입니다. 카메라는 달리와 함께 부드럽게 이동하면서 움직임을 만들어 냅니다. 얼핏 줌 쇼트의 움직임과 비슷해 보일 수 있습니다. 하지만 줌 쇼트는 카메라가 고정된 상태에서 초점거리만 달라지는 것으로, 카메라와 피사체 사이는 거리는 그대로이지만 피사체의 크기가 줄어들었다 커졌다 하는 것입니다. 이에 반해 달리 쇼트는 초점거리는 일정하게 유지되면서 카메라가 물리적으로 이동하기 때문에 구도의 원근감 자체가 변화합니다. 줌 쇼트가 공연장 객석에 앉아 무대 위의 스타를 당겨서 찍는 경우라면, 달리 쇼트는 자전거를 타고 숲속으로 들어가 이것저것을 구경하는 시선입니다. 일반적으로 달리 쇼트는 다른 움직임과 유사하게 특정의 행동이나 상황을 드러내거나 감추기도 하면서 극적 효과를 만듭니다. '달리 인(dolly in)'은 카메라가 이동함으로써 내화면 내의 특정 대상을 발견하거나, 중요한 결단 상황에 직면한 인물의 초조한 심리를 환기하거나, 실시간의 점진적 이동으로 스릴과 공포를 외면화하는 데 효과적입니다. '달리 아웃(dolly out)'은 대상으로부터 점점 빠져나옴으로써 대상이 직면한 상황을 환기합니다. 가령, 〈쇼생크 탈출〉(프랭크 다라본트, 1994)에서 극적으로 감옥을 탈출한 앤디 듀프레인(팀 로빈스)을 달리 아웃하면서 자유의 몸이 된 그의 상황을 드러냅니다.

'달리 줌 쇼트(dolly zoom shot)'는 알프레드 히치콕 감독의 〈현기증 Vertigo〉(1967)에서 고소공포증을 시각화하기 위해 최초로 소개된 영화 언어입니다. 그래서 '버티고 효과(vertigo effect)'로도 불립니다. 달리 줌 쇼트의 움직임은 달리와 줌의 기능을 '충돌'시킬 때 발생합니다. 카메라가 피사체를 향해 다가갈 때(=달리 인) 줌 렌즈는 피사체를 밀어내거나(=줌 아웃), 반대로 카메라가 피사체로부터 멀어질 때(=달리 아웃) 줌 렌즈가 피사체를 당기는(=줌 인) 경우에 생성됩니다. 그 결과 피사체의 크기는 크게 변하지 않지만 피사체를 둘러싼 환경이 가까워지거나 멀어지면서 원근감이 비정상적으로 격변합니다. 그 어떤 움직임보다도 인상적이기 때문에 순간적인 깨달음, 충격, 놀람, 공포, 분노, 반전 등의 극적 상황을 효과적으로 외면화합니다. 이런 이유에서 달리 줌 쇼트가 가장 빈번하게 활용되는 영화 장르는 스릴러와 호러입니다.

'트래킹 쇼트(tracking shot)'의 움직임은 이동하는 인물을 앞, 옆, 뒤에서 카메라가 쫓을 때 생성됩니다. 달리 쇼트가 카메라만 움직이는 경우라면, 트래킹 쇼트는 카메라가 인물과 함께 움직이는 경우입니다. 보통 피사체와 환경을 동시에 잡는데, 이로써 인물이 환경을 뚫고 질주하는 역동적인 화면 구도

트래킹, 패닝, 트래킹으로 이어지는 〈400번의 구타〉의
엔딩과 역동적 화면 구도(패스워드: amor)

가 구축됩니다. 예외적으로 환경을 배제하고 인물만 포착할 경
우 심하게 흔들리는 피사체와 함께 카메라도 흔들려 극적인 드
라마나 긴장감을 배가합니다. 프랑수와 트뤼포 감독의 〈400번
의 구타〉(1959)의 엔딩에 나오는 트래킹 쇼트는 세계 영화사에
서 가장 유명합니다. 이 트래킹 쇼트는 소년원을 탈출한 소년
이 바닷가로 뛰어갈 때 등장합니다. 이것은 소년 특유의 무모
한 에너지와 그것에 대비되는 세계의 공허를 뒤섞으며 생(生)
에 대한 쓰디쓴 질문을 외면화합니다.

'스테디캠 쇼트(steadicam shot)'는 핸드헬드 쇼트(handheld
shot)의 진화된 형태로 스태디캠 장비가 발명되면서 가능해진
쇼트입니다. 카메라를 어깨에 짊어졌을 때 움직임은 딱히 유연
하지 못합니다. 스테디캠 장비에는 딱딱한 움직임을 제어하는
수평 유지 장치가 장착되어 있습니다. 이것을 촬영감독이 입은
특수 조끼에 다시 착용함으로써 인간의 움직임을 유연하게 매
개합니다. 중요한 것은 카메라가 인간의 몸과 하나가 되기 때
문에 여타의 움직임과는 비교할 수 없는 자유자재의 움직임이
가능하다는 점입니다. 약간의 차이가 있겠지만 지금까지 언급
한 모든 움직임이 스테디캠 쇼트에서 실현됩니다. 스테디캠의
무게 때문에 촬영감독의 노동 강도가 심하다는 애로가 있지만,

이것 하나만 있으면 수평으로 훑거나, 위아래로 움직이거나, 카메라만 이동하거나, 카메라와 인물이 함께 이동하는 등의 움직임 일체가 가능한 것입니다. 필요할 때마다 화면 구도를 재설정해 공간의 호흡을 가다듬고, 특정 인물에게 다가가 해당 인물에 대한 관객의 몰입도를 배가시키며, 공간 속 모든 인물을 순차적으로 포착해 집단의 생기를 환기하기도 합니다. 최종적으로 이러한 자유로운 움직임은 관객이 마치 내화면 안에서 가상의 사건과 상황을 직접 경험하는 듯한 일체감을 만들기도 합니다. 〈살인의 추억〉에서 살인 현장 검증 장면이 대표적인 사례입니다. 아니면 아이돌그룹 EXO의 '으르렁' 뮤직비디오를 한번 감상하길 권합니다. 스테디캠 쇼트의 외면화 효과를 쉽게 실감할 수 있을 겁니다.

'크레인 쇼트(crane shot)'는 크레인이라는 장비에 카메라가 설치되어 촬영된 화면입니다. 크레인을 이용해 공중부상이 가능하기에 인간의 물리적인 신체 조건으로 구현할 수 없는 반경과 높이의 움직임을 만듭니다. 일반적으로 크레인 쇼트는 롱쇼트가 수행하는 설정 쇼트를 좀 더 입체적으로 구성하는 데 활용됩니다. 신이나 시퀀스의 앞과 뒤에서 피사체와 멀리 떨어진 공중으로부터 출발해 피사체를 향해 다가오거나 반대로 공

 〈살인의 추억〉의 스테디캠 쇼트와 현장의 생기
(패스워드: amor)

중을 향해 멀어짐으로써 영화의 기본 정보를 입체감 있게 설정하는 것입니다. 특별한 경우 크레인 쇼트는 차별적인 공간에 따른 반전을 자아내기도 합니다. 가령 앉아 있는 인물을 하이앵글로 포착하던 카메라 시선이 공중으로 포물선을 그리며 인물의 주변을 조망함으로써 인물만 봤을 때는 알 수 없었던 새로운 사실이 극적으로 제공되는 것입니다. 사실 우리에게 가장 익숙한 크레인 쇼트는 무협 영화에 있습니다. 대나무 숲을 뛰거나 날아다니는 무림 고수들의 혈투를 인간의 범위를 뛰어넘는 움직임으로 포착함으로써 무협 영화 특유의 낭만성과 스펙터클이 구현되는 것입니다.

3) 움직임의 역학

지금까지 피사체의 움직임과 카메라의 움직임에 대해 알아봤습니다. 앞서 말했듯이 움직임은 언어로 설명되는 순간 그 묘미가 반감됩니다. 지속하는 움직임은 그 지속의 정도만큼이나 다양한 의미를 생산하기에 특정의 단어로 온전히 환원될 수 없습니다. 사실상 우리가 할 수 있는 일이란 움직임의 의미를 익히는 것을 넘어서 훌륭한 움직임을 집요하고 세밀하게 관찰하는 실천인지도 모릅니다. 이제부터 지금껏 알아 본 움직임을 바탕으로 '움직임의 역학'을 음미하고자 합니다. 이는 움직임의 기원, 움직임 없는 움직임, 움직임의 활력, 움직임의 정치라는 키워드로 분류될 수 있습니다.

(1) 움직임의 기원

우리는 세계 최초의 영화가 〈기차의 도착〉(뤼미에르 형제, 1895)이라는 사실을 잘 알고 있습니다. 하지만 그 영화가 왜 세계 최초의 영화인지에 대해서는 잘 알지 못합니다. 게다가 〈기차의 도착〉 이전에도 움직이는 영상은 존재했습니다. 그런데 왜 사람들은 그 영상을 영화라 명명하지 않을까요? 왜 처음으로 〈기차의 도착〉을 영화라 불렀을까요? 다양한 이유가 있을 것입니다. 가장 중요한 이유는 '움직임의 역학' 때문입니다. 〈기차의 도착〉에는 움직임에 대한 최초의 영화적 자의식이 존재합니다.

앞서 말했듯 움직임의 기본은 수평, 수직 움직임과 심도의 움직임입니다. 현재의 다양한 움직임은 이것을 바탕으로 진화했습니다. 1895년에는 달리, 스테디캠, 크레인과 같은 촬영 장비가 개발되지 않았습니다. 그러니 현재와 같은 움직임은 〈기차의 도착〉에서 관찰되지 않습니다. 지극히 원시적인 형태입니다. 하지만 여기에는 움직임에 대한 인류 최초의 방법론적 고민이 담겨 있습니다. 우리는 〈기차의 도착〉을 본 당대 관객들의 반응에 대해서 잘 알고 있습니다. 영화가 상영될 때 그들은 외쳤습니다. "위험해! 피해!" 그들은 기차가 스크린을 뚫고 객석을 향해 돌진해올 것이라 생각했던 것입니다. 여기서 중요한 것은 가상과 현실의 경계를 무너트리는 실감과 그 실감을 가능하게 했던 조건입니다. 만약 카메라를 철길의 측면에 놓고

〈기차의 도착〉과 세계 영화사 최초의 움직임(패스워드: amor)

수평으로 들어오는 기차를 찍는다면 어땠을까요? 스크린 오른쪽에서 등장한 기차가 왼쪽으로 쏜살같이 지나갔을 겁니다. 이 경우 관객은 갑자기 출현한 기차에 깜짝 놀라긴 했겠지만 "위험해! 피해!"를 외치지는 않았을 겁니다. 그렇다면 카메라를 철길 위에 세우고 소실점의 끝에서 카메라 쪽으로 다가오는 기차를 정면으로 찍었다면 어땠을까요? 스크린 안의 기차는 스크린 밖의 관객을 어느 정도 위협했을 겁니다. 하지만 심도 움직임의 무덤덤한 효과 때문에 실감은 반감되었을 것입니다.

뤼미에르 형제는 수평 움직임, 수직 움직임, 심도 움직임을 동시다발적으로 활용했습니다. 이 움직임 모두를 동시에 포착할 수 있는 위치를 고민했을 것이고, 정확히 그곳에 그들이 만든 최초의 실용적 카메라 시네마토그라프(Cinematographe)를 위치시켰을 것입니다. 그리하여 〈기차의 도착〉이 탄생합니다. 그것은 후경 우측의 소실점에서 출발한 기차가, 중경 중앙을 지나, 전경 왼쪽에 도착하는 움직임입니다. 수평, 수직 움직임이 합쳐진 대각선의 움직임이 심도를 가로지르고 있었던 것입니다. 최초의 '움직임의 역학', 그러니까 최초의 영화가 탄생하는 순간인 것입니다.

(2) 움직임 없는 움직임

일상에서 우리는 놀라운 사건 앞에서 하던 행동을 순간적으로 멈추는 경우가 있습니다. 정신적 마비 상태라 할 수 있는 이 정지의 순간은 내면의 외면화의 맥락에서 유용합니다. 영화는 움직임이 전제된 예술입니다. 그것은 여하튼 계속 움직입니다. 하지만 그런 이유로 사진에서는 불가능한 효과를 발휘합니다. 순간적으로 사진이 됨으로써, 그러니까 움직이지 않음으로써, 움직이는 것 이상의 효과를 환기할 수 있는 것입니다. 이것으로 정신적 마비 상태에 비견될 극적 긴장과 충격이 외면화됩니다.

황당한 사건과 마주한 인물이 몇 초간 화석이 되는 사례를 우리는 영화에서 숱하게 목격했습니다. 쇼트와 쇼트 사이에 물방울이 떨어지기 직전의 수도꼭지 같은 이미지를 삽입해 극적 긴장을 조성하는 경우에도 익숙합니다. 움직임이 소멸되지는 않지만 최후의 일전에서 더딘 움직임으로 주먹을 주고받는 액션(=슬로모션)도 흔한 사례입니다. 그러니까 영화는 결정적인 대목에서 스스로의 본성을 거스르는 '움직임 없는 움직임'으로 한계를 넘어선 감정을 입체화시키는 것입니다.

〈복수는 나의 것〉과 움직임을 역으로 이용한 정지
(패스워드: amor)

　〈복수는 나의 것〉에서 가장 성공적인 사례가 발견됩니다. 딸아이의 주검 앞에서 오열했던 동진(송강호)을 떠올릴 필요가 있습니다. 동진의 비극은 단지 거기에 머물지 않습니다. 잔인하게도 그는 딸아이의 부검을 지켜봐야만 합니다. 아이를 잃어버린 부모의 형언할 수 없는 마음이 훨씬 더 고통스러운 상황으로 치닫습니다. 형사와 함께 그는 딸아이의 시체가 보관되어 있는 부검실로 향합니다. 동진의 표정은 〈밀양〉의 이신애처럼 텅 비어 있습니다. 부검실의 문을 연 바로 그때, 그 순간까지 지속되던 영화의 움직임이 일순간 멈춰버립니다. 동진의 시점으로 포착된 부검실의 냉기는 광각렌즈의 넓고 깊은 시야 때문에 배가됩니다. 그리고 그 냉기가 영화의 움직임마저 사위스럽게 얼려버리는 것입니다. 심장이 얼어버린 동진의 처절한 복수가 시작되는 순간입니다.

(3) 움직임의 활력

　우리 주변에는 싸움 실력을 자랑하는 어리석은 남자들이 종종 있습니다. 으레 그들은 혼자서 몇 명, 몇 십 명을 무찔렀다고 자랑하곤 합니다. 말하는 사람이나 듣는 사람이나 그것이 허풍이라는 것을 잘 알고 있습니다. 영화에서나 나올 법한 말도 안 되는 무용담인 것입니다. 맞습니다. 우리는 영화를 통해 이런 허풍 같은 무용담을 자주 목격합니다. 현실은 허풍이어도 영화는 허풍이어서는 안 됩니다. 말도 안 되는 일을 말이 되게끔 형상화하는 것이 영화적 쾌감의 기본입니다. 핍진성이 없는 과장은 영화의 실패를 증명할 뿐입니다. 지금부터 두 편의 영화를 통해 성공한 허풍과 실패한 허풍의 원인을 '움직임의 역학'이라는 맥락에서 따져보겠습니다.

우선, 실패한 사례입니다. 물론 이 장면도 널리 회자되었습니다. 〈신세계〉의 절정에 나오는 엘리베이터 안에서의 피 비린내 나는 난투극이 그것입니다. 정청(황정민)의 조직은 이중구(박성웅) 조직의 급습으로 위기에 처합니다. 생사의 갈림길에서 정청은 목숨을 지키기 위해 엘리베이터에 오릅니다. 하지만 그곳도 이미 이중구의 부하들이 점령했습니다. 그때부터 정청과 이중구 부하 무리의 허풍 같은 난투극이 시작됩니다. 정청은 카리스마를 발휘하며 적을 처단해 나갑니다. 여기저기서 들어오는 칼날에 심각한 부상을 입기도 합니다. 정청은 끝끝내 물러나지 않으며 어찌되었든 허풍 같은 대결에서 승리합니다.

이 장면의 장점은 엘리베이터라는 좁고 밀폐된 공간을 활용

〈신세계〉의 반감된 움직임(패스워드: amor)

했다는 점입니다. 그것으로 폐소공포증에 버금가는 살기가 환기됩니다. 하지만 정확히 거기까지입니다. 이 장면은 극단적인 하이앵글로 촬영되었습니다. 엘리베이터 천장에서 곧장 아래의 난투극을 조망하는 것입니다. 설명했다시피 하이앵글은 전체를 디테일하게 조망하는 한편 피사체의 활력을 '1/N'로 약화시킵니다. 그래서 안 그래도 좁은 엘리베이터 안이 지나치게 디테일하게 조망됩니다. 난투의 생기는 반감됩니다. 그렇기 때문에 관객이 봐서는 안 될 어수룩한 액션이 노출됩니다. 정청은 적의 무리에 둘러싸입니다. 하지만 그때 어색한 액션 연기가 눈에 뜨입니다. 정청을 충분히 찌를 수 있음에도 곧장 찌르지 않고 그의 액션이 끝날 때까지 기다리고 있는 주변 인물의 행동 말입니다. 액션의 작위가 노출되는 것입니다. 이는 그나마 있던 폐소공포증의 살기마저 반감시킵니다.

그렇다면 이러한 무용담을 가장 효과적으로 형상화한 장면은 무엇일까요? 바로 전 세계 영화팬이 열광하는 〈올드보이〉(박찬욱, 2003)의 '장도리 신'입니다. 장도리 신이 대체 어떻기에 세계 영화사에 길이 남을 명장면이 되었을까요? 우선, 이 신이 시작되기 직전의 카메라 시선을 살펴야 합니다. 오대수(최민식)는 자신을 가둔 인간을 찾기 위해 15년간 갇혀 있었던 사설 감옥을 다시 찾아갑니다. 그곳의 책임자 철웅(오달수)을 협박해 필요한 정보를 얻게 됩니다. 문제는 철웅의 부하들이 오대수를 가만두지 않을 것이라는 점입니다. 오대수가 피를

〈올드보이〉와 움직임의 활력(패스워드: amor)

흘리는 철웅을 이끌고 복도로 나왔을 때 그 복도는 철웅의 부하로 가득합니다. 이때 카메라의 시선은 오대수의 시점과 일치합니다. 좁은 복도와 복도를 가득 채운 부하들이 정면에서 포착됩니다. 만약 오대수의 시점에서 난투극이 계속되었다면 어땠을까요? 아마 장도리 신은 지금의 명성을 얻지 못했을 것입니다. 이 시선에서 활용할 수 있는 것은 고작 심도의 움직임 뿐이기 때문입니다. 그래서 박찬욱 감독은 두 가지 카드를 꺼내듭니다.

우선, 복도라는 공간의 밀폐성입니다. 〈신세계〉와는 달리 적들이 오대수를 포위해 한꺼번에 공격하는 상황 자체가 불가능합니다. 오대수는 기껏해야 앞뒤의 서너 명 정도만 상대하면 그만입니다. 이것은 해볼 만한 싸움입니다. 또한 오대수의 주먹질이 끝날 때까지 아무것도 하지 않고 서성거리는 작위적인 액션 역시 애초에 억제될 수 있습니다. 두 번째 카드는 이보다 획기적입니다. 그것은 정적이고 더딘 심도의 움직임을 능률적이고 강력한 수평 움직임으로 바꾸는 선택입니다. 박찬욱 감독은 좁은 복도의 오른쪽 벽을 과감하게 헐어버립니다. 그리고 거기에 트랙을 깔고 카메라를 설치합니다. 오른쪽 벽에서 볼 때 좁은 복도의 심도는 이제 마치 펜싱 경기장처럼 좌우의 거리로 펼쳐집니다. 트랙 위에 설치된 카메라가 장도리 하나 들고 왼쪽에서 오른쪽으로 이동하며 적들을 제거해나가는 오대수의 모습을 강력하고 능률적인 수평의 움직임으로 포착하는 것입니다. 물론 이 역시 비현실적인 허풍입니다. 하지만 〈올드보이〉 안에서만큼은 허풍이 아닙니다. 수평 움직임의 활력이 말도 안 되는 상황을 말이 되게끔 외면화하기 때문입니다.

(4) 움직임의 정치

봉준호 감독의 〈괴물〉(2006)을 살펴봅시다. 이 영화는 오프닝의 과시적 움직임으로 사실상 영화의 모든 것을 미리 환기하며 시작된다고 해도 과언이 아닙니다. 그것은 이 영화의 정치성과 긴밀하게 연결됩니다. 〈괴물〉은 괴수 영화입니다. 하지만 이상한 괴수 영화입니다. 대개 괴수 영화는 괴수가 탄생한 원인을 궁금해 하지 않습니다. 최근의 사례를 살펴보겠습니다. 〈퍼시픽 림〉(길예르모 델 토르, 2013)이라는 영화가 있습니다. 일본 태평양 심해에 심대한 균열이 일어나는데 여기서 엄청난

크기의 괴물 '카이주(Kaiju)'가 나타나 인간과 한판 승부를 벌인다는 내용입니다. 이 영화는 괴수 영화의 전형에 흠집을 내지 않습니다. 심해에서 출몰하는 카이주의 정체에 딱히 관심이 없기 때문입니다. 킹콩이나 고질라 등과 마찬가지로 그때의 카이주는 그냥 거기 있는 것입니다. 하지만 〈괴물〉은 다릅니다. 한강에서 출몰한 괴수의 정체성을 처음부터 알고 있어야 영화를 제대로 이해할 수 있다고 주장합니다. 그리고 그 주장은 곧장 움직임을 통해 환기됩니다.

　〈괴물〉은 미8군 용산기지에서 불법으로 독극물을 방류하는 미군을 포착하며 시작합니다. 미국 장교가 말합니다. "한강은 아주 넓어." 명령을 받은 병사는 포름알데히드를 하수구에 쏟습니다. 하수구에 독극물을 쏟고 있는 병사 뒤에서 카메라가 좌에서 우로 움직이기 시작합니다. 그때 수평의 트래킹 쇼트는 반전을 매개합니다. 포름알데히드가 담긴 병이 생각했던 것보다 훨씬 더 많기 때문입니다. 카메라가 한참 트래킹 하는 동안 무수히 나열된 포름알데히드 병이 끝이 없을 것처럼 포착됩니다. 한편, 수평 트래킹은 자연스럽게 한강과 디졸브(dissolve)로 연결됩니다. 디졸브란 앞선 화면이 점점 사라지는 것과 동시에 뒤따르는 화면이 점차로 드러나는 장면 전환의 기법입니다. 특히 이것은 앞뒤를 인과관계로 결속하는 데 유용하게 쓰입니다. 주목해야 할 것은 디졸브로 연결된 한강이 직전의 수평 트래킹과 마찬가지로 좌에서 우로 흐른다는 사실입니다. 카메라의 움직임과 피사체 움직임의 연결, 다시 한 번 디졸브를 통한 결속, 마지막으로 움직이는 방향의 일치······. 이것의 의도는 명약관화합니다. 용산 미군기지에서 무단으로 방류된 독극물 때문에 한강에서 돌연변이 괴물이 나타날 것이라는 정보인 것입니다.

흥미로운 것은 이런 움직임이 환기하는 이 영화의 정치성입니다. 물론 한강에 괴물이 나타난다는 설정은 거짓말입니다. 그러나 미군이 독극물을 무단방류했다는 설정은 거짓말이 아닙니다. 진짜 그런 일이 있었습니다. 2000년 2월 9일의 '맥팔랜드 사건'이 그것입니다. 그런데 이상하게도 그 엄중함에 비해 사건은 크게 부각되지 않았습니다. 봉준호 감독이 괴물을 출현시켜 문제시하려는 것이 이것입니다. 명약관화한 움직임이라고 해서 그 가치가 반감되는 것은 아닙니다. 그것은 너무나 시급한 질문을 환기합니다. 한국은 왜 미국에게 제대로 항의하지 못하는가? 오프닝에 전시되는 움직임의 역학에는 미국의 반식민지로서의 한국의 정치성에 대한 냉정한 질문이 전제되어 있는 것입니다.

움직임의 정치성이라는 맥락에서 〈공동경비구역 JSA〉(박찬욱, 2000)의 사례도 음미할 만한 가치가 충분합니다. 알다시피

이 영화의 모티브는 남한 군인과 북한 군인의 우정입니다. 남한 병사 이수혁(이병헌)과 북한 병사 오경필(송강호)은 다리 하나를 두고 마주선 초소에서 각각 보초를 섭니다. 이수혁은 지뢰를 밟아 죽을 뻔한 자신을 구해준 오경필에게 호의를 품습니다. 감사의 말을 적은 편지를 돌에 묶어 다리 건너의 초소로 보냅니다. 화답하는 편지가 돌에 묶여 도착합니다. 우정이 시작되는 것입니다. 어느 날 이수혁은 북에서 온 편지에서 "한 번 놀러오라"는 문구를 봅니다. 농담 삼아 건넨 말일 겁니다. 하지만 이수혁에게는 농담이 아니었나 봅니다. 그는 진짜 놀러가기로 결심합니다. 그때 분단을 다루는 영화에서 지금껏 보지 못했던 이 영화만의 내면의 외면화가 등장합니다. 그것은 특별한 움직임의 역학입니다.

남과 북은 휴전선으로 갈라져 있습니다. 중요한 것은 '선(線)'입니다. 이수혁은 바로 그 선을 넘어야 합니다. 우리는 이 시퀀스에서 가장 긴장된 순간이 이수혁이 다리 위의 그 일직선을 넘기 직전일 것이라는 사실을 추측할 수 있습니다. 하지만 이 영화는 우리의 기대를 배신합니다. 그때 등장하는 것은 크레인 쇼트입니다. 엄밀하게 말해 크레인을 이용한 패닝 쇼트입니다. 놀러가기로 결심한 이수혁이 심호흡을 하며 초소 앞에

 〈공동경비구역JSA〉의 움직임과 정치성(패스워드: amor)

서 있습니다. 이때 갑자기 카메라 시선은 이수혁을 벗어나 아주 큰 원을 그리듯 패닝하기 시작합니다. 패닝하던 시선이 도착한 곳은 놀랍게도 북한 초소의 문 앞입니다. 누군가의 손이 손잡이를 잡습니다. 그것은 이수혁의 손입니다. 남과 북의 경계선을 넘어가는 극적 순간을 기대했지만 이미 그는 경계선을 건너 북한 초소 앞에 도착한 것입니다.

물론 극적일 거라 생각했던 순간이 생략되었으니 허탈할 수도 있습니다. 하지만 여기에는 분단에 대한 진일보한 인식이 숨어 있습니다. 휴전선을 넘는 순간은 중요하지 않습니다. 다리에 그어진 일직선을 극적 대상으로 외면화하는 것은 무엇을 의미할까요? 남북의 화해를 아무리 주장하더라도 그것은 일직선으로 남북의 분단 관계를 미리 전제하는 것이나 마찬가지입니다. 박찬욱 감독은 화해를 말하기 전에 분단에 전제된 일직선의 사유 틀을 문제 삼고 있습니다. 우정을 말하기 위해서는 일직선을 극복하지 않으면 안 되는 것입니다. 이런 난제를 해결하기 위해서 박찬욱 감독이 선택한 영화 언어가 바로 크레인 쇼트와 패닝 쇼트의 움직임입니다. 그것은 남과 북을 이등분하는 휴전선, 경계선, 직선을 뛰어넘으려는 미적인 의지입니다. 바로 그 거대하고 유연한 원의 움직임을 경유하며 남북은 하나의 궤도에 올라탑니다.

나오는 글

　마무리하는 자리에서 여러분에게 몇 가지 질문을 던지고 싶습니다. 좋아했던 영화가 이 책을 읽은 후 유치하게 느껴진 경험이 있나요? 영화는 오락물일 뿐이고 영화 언어 같은 복잡한 문제와 상관없이 그저 재밌으면 그만이라고 생각하신 분이 계셨다면, 그 생각이 조금이라도 바뀌셨나요? 어떤 장면을 좋아했는데 그것이 왜 좋은지 설명하지 못했다가 이제 어느 정도 해명할 수 있게 되었나요? 반대로 유치하다 생각했던 장면이 왜 유치한지 말할 수 있게 되었나요? 호불호가 갈리는 영화를 두고 친구들과 논쟁할 때 당신의 논리에 조금 더 힘이 실리나요? 당신이 만약 시나리오 작가를 지망한다면 이 책을 읽은 후 당신의 시나리오가 조금 부끄럽게 다가오나요? 아니면 무엇이 문제인지 모른 채 방치했던 시나리오가 이 책에 나오는 지식을 통해 조금이라도 풍족해졌나요? 책을 써내려가는 내내 온통 이런 질문들이 주위를 맴돌았습니다. 작은 목소리로라도 "그렇다"는 답이 들린다면 저로서는 더할 나위 없이 기쁠 것입니다.

　이제야 말합니다. 이 책의 제목은 무려 '영화 언어'입니다. 이 책을 써내려가는 내내 저는 제목이 무서웠습니다. 그것을 감당할 능력이 있을지 의문이었기 때문입니다. 영화 언어는 거대한 바다와 같습니다. 엄청난 대상을 모두 다루는 것은 제 능력 밖의 일입니다. 그저 할 수 있는 일이란, 영화관이나 책상

위에서 영화를 보거나 연구할 때 활용하는 저 나름의 틀 거리를, 제가 본 영화들의 다양한 장면을 통해 최대한 생생하게 여러분과 공유하는 것이었습니다. 영화라는 거대한 바다를 다뤘는지는 모르겠으나 그곳으로 나아가기 위한 쓸 만한 나침반 하나 정도만큼은 공유하는 것, 이것이 내가 할 수 있는 모든 것이었습니다.

영화 언어라는 제목을 달고 있지만 이 책에는 그것의 필수 요소인 편집, 조명, 음악, 색감, 스타 등에 대한 논의가 빠져 있습니다. 이어지는 새로운 책에서 저보다 더 훌륭한 필자가 그것을 감당해줄 것이라 믿어 의심치 않습니다. 이 책의 팔 할은 저의 보잘것없는 강의를 열심히 들어준 학생들의 몫입니다. 저는 가르친 게 아닙니다. 제일 많이 배웠습니다. 고맙습니다. 마지막으로 여기까지 기꺼이 따라와 주신 여러분, 감사합니다.

■ 참고문헌

구스타보 메르카도, 김성호 옮김, 『필름메이커의 눈』, 비즈앤비즈, 2014.

김홍중, 『마음의 사회학』, 문학동네, 2009.

데이비드 보드웰, 오영숙 옮김, 『영화내레이션 I』, 시각과언어, 2007.

데이비드 보드웰, 김숙 외 역, 『영화 스타일의 역사』, 한울, 2002.

루이스 자네티, 박만준·전기행 옮김, 『영화의 이해』, 케이북스, 2012.

로버트 스탬, 오세필·구종상 옮김, 『자기 반영의 영화와 문학』, 한내래, 1998.

박우성, 『이창동 영화의 타자성과 윤리적 재현방식 연구』, 동국대학교박사논문,
      2015.

벨라 발라즈, 이형식 옮김, 『영화의 이론』, 동문선, 2003.

배리 랭포드, 방혜진 옮김, 『영화 장르: 할리우드와 그 너머』, 한나래, 2010.

프랑수아 트뤼포, 곽한주·이채훈 옮김, 『히치콕과의 대화』, 한나래, 1994.

S. 채트먼, 한용환 옮김, 『이야기와 담론: 영화와 소설의 서사구조』, 푸른사상, 2003.

수잔 손택, 이재원 옮김, 『타인의 고통』, 이후, 2004.

수잔 헤이워드, 이영기 외 옮김, 『영화사전』, 한나래, 2012.

알랭 바디우, 장태순 옮김, 『비미학』, 이학사, 2010.

오카 마리, 김병구 옮김, 『기억 서사』, 소명출판, 2004.

엠마뉴엘 시에티, 심은진 옮김, 『쇼트』, 이화여자대학교출판부, 2006.

이성복, 『무한화서』, 문학과지성사, 2015.

이종승, 『미장센』, 아모르문디, 2016.

자크 오몽, 이용주 옮김, 『영화미학』, 동문선, 2003.

조엘 마니, 김호영 옮김, 『시점』, 이화여자대학교출판부, 2007.

정성일, 『필사의 탐독』, 바다출판사, 2010.

정재형, 『영화 이해의 길잡이』, 개마고원, 2014.

질 들뢰즈, 유진상 옮김, 『시네마1: 운동-이미지』, 시각과 언어, 2002.

허문영, 『세속적 영화, 세속적 비평』, 강, 2010.

클레르 바세, 박지회 옮김, 『대사』, 이화여자대학교출판부, 2010.

토마스 샤츠, 한창호·허문영 옮김, 『할리우드 장르의 구조』, 한나래, 1995.